DDR-Literatur:

Texte und Materialien

für den Deutschunterricht

**herausgegeben von
Hedwig Walwei-Wiegelmann**

**Ferdinand Schöningh
Paderborn · München · Wien · Zürich**

83045
wird
146723
may 1989

© 1982 by Ferdinand Schöningh at Paderborn. Printed in Germany.

München · Wien · Zürich

Herstellung: Ferdinand Schöningh Paderborn.

ISBN 3-506-25371-9

Reden wir uns nichts vor, unsere junge Literatur, mitunter DDR-Literatur genannt, ist im Ausland noch nicht besonders gefragt; Ausnahmen bestätigen da nur die Regel. Gut, wir sind nicht traurig darüber, wenn unsere Feinde uns nicht drucken oder aufführen, aber schöner wäre es schon, wenn sie faktisch dazu gezwungen wären. Linke Kunst in den zwanziger Jahren erschütterte auch den Klassengegner, einfach weil sie links war und gleichzeitig Kunst! Wir müssen zunehmend Themen finden, die sozialistische Antworten geben nicht nur den Menschen bei uns, auch drüben, — Antworten, die die Menschen brauchen, um ihr Leben einzurichten, Antworten, die ihnen nützlich sind.

Helmut Baierl, 1970. In: Theater der Zeit. Organ des Verbandes der Theaterschaffenden der DDR. 8. Heft, Henschelverlag, Berlin 1970. S. 5

Inhaltsverzeichnis

Einführung

Anmerkungen zu Intention, Textauswahl und Aufbau

Für viele in der Bundesrepublik, die keine Kontakte zu Menschen in der DDR haben, ist diese manchmal ein unbekanntes, ein fremdes Land geworden. Die Beschäftigung mit DDR-Literatur, die dieser Band vermitteln will, kann dazu beitragen, dies zu ändern. Er will, das ist seine Zielsetzung, den Umgang mit Texten aus der Literatur der DDR erleichtern und fördern. Ein Arbeits- und Lesebuch wird hier vorgelegt, das eine Auswahl von Texten verschiedener Gattungen enthält und dazu Materialien, die politische und gesellschaftliche Voraussetzungen dieser Literatur deutlich machen.

Denn Literatur in der DDR kann nicht ohne ihre politischen Grundlagen gesehen werden. Das ist in der Bundesrepublik völlig anders. Hierzulande gibt es keine Literaturpolitik, die von staatlichen Instanzen ausgeübt wird und Förderung oder Verhinderung von Literatur zu bewirken sucht.

In der DDR dagegen ist Literaturpolitik ein Teil der Kulturpolitik, die durch die führende politische Macht, die SED, bestimmt wird. Was in den höchsten Instanzen der SED, in Politbüro und Zentralkomitee, beschlossen wird, das wird auf unterer Ebene, in Verlagen und Redaktionen in die Praxis umgesetzt, bis hin zur Papierzuteilung für die Bücher, die zur Veröffentlichung zugelassen sind. Die einzelnen Instanzen, die an der Entscheidung für oder gegen Publikationen mitwirken, können hier nicht näher dargestellt werden; auch ist ihre Tätigkeit für die Öffentlichkeit, zumal hier im Westen, schwer durchschaubar. In einem späteren Abschnitt der Einführung werden Grundzüge der Kulturpolitik, vor allem der Literaturpolitik, kurz beschrieben werden.

Die *Intention* dieses Buches wäre so zu bezeichnen: es versucht Informationen über die ideologischen, politischen und gesellschaftlichen Voraussetzungen von DDR-Literatur zu geben, um so Ideologie und Literatur einander zuzuordnen. Die literarischen Texte, die den größten Teil des Buches ausmachen, spiegeln die Reaktionen von Schriftstellern auf die kulturpolitischen Forderungen, seien sie zustimmend, kritisch, ablehnend oder eskapistisch. Informationen zu Autoren und Texten werden im Anhang gegeben; durch Erläuterungen, Hinweise auf Textvergleiche usw. wird versucht, den Zugang zu den Texten zu erleichtern.

Zur Textauswahl

1. Literatur in einem weiten Sinne ist aufgenommen worden, also poetische und in geringem Umfang auch nichtpoetische Literatur,

9

d. h. Gebrauchstexte wie Reportagen, Texte „schreibender Arbeiter" und einige Zeitungsartikel aus dem „Neuen Deutschland", dem Parteiorgan der SED. Dem modernen Literaturverständnis entsprechend, werden damit nicht nur ästhetisch bedeutende Texte mitgeteilt, sondern auch schriftliche Fixierungen aus dem Bereich der Gebrauchstexte, zumal diese in der DDR-Literatur einen breiten Raum einnehmen. Die Weite dieses Auswahlprinzips bewirkte, daß von der lyrischen Form über Erzählungen, Berichte, politische Texte, Roman- und Dramenausschnitte bis hin zu einem geschlossenen Bühnenstück (Volker Braun „Freunde", 1965) inhaltlich und formal vielseitige und interessante Texte vorgelegt werden können.

2. Der Zeitraum, aus dem die Texte einschließlich der Materialien stammen, sind die 50er, 60er und 70er Jahre, die Jahre also, in denen die DDR versuchte, vor allem nach der Abriegelung durch den Mauerbau 1961, eine eigene „sozialistische Nationalkultur" aufzubauen. Ob dies gelungen ist, mögen die Leser anhand der Texte vor allem der 60er und 70er Jahre herauszufinden suchen. In der DDR wie bei uns ist dies seit langem ein viel diskutiertes und umstrittenes Thema. Autoren aus den beiden Staaten in Deutschland haben öfter erklärt, daß Sprache und Literatur trotz der staatlichen Teilung unteilbar seien und das stärkste Band zwischen den Deutschen hüben und drüben seien[1]. Die Zäsur, die die Ausbürgerung Wolf Biermanns im November 1976 in der literarischen Szene der DDR gesetzt hat, hat der Textauswahl dieses Bandes die Grenze nach vorn gesetzt: DDR-Literatur, die nach diesem Datum entstanden ist, ist im ganzen nicht aufgenommen, denn dieser ist der Band „Neue DDR-Literatur" (Schöninghbuch 25372) gewidmet.

3. Einige bedeutende Autoren sind seltener vertreten, als der Leser vielleicht erwartet, so der Dramatiker Peter Hacks und der Lyriker und Erzähler Johannes Bobrowski (gestorben 1965); aber ihre Werke sind auch hier verlegt und leicht erreichbar. Dafür sind einige Autoren aufgenommen, die bei uns weniger bekannt sind, aber in der DDR Bedeutung

---

[1] Dazu einige Stimmen von Schriftstellern: Heinrich Böll: „Zählt man nur ein paar Namen auf: Biermann, Fühmann, Kunze, Wolf, Schneider, Kunert, Heym, Hermlin — so hat die literarische Wiedervereinigung längst stattgefunden" (1972). Bernd Jentzsch, bis 1976 in der DDR als Schriftsteller und Herausgeber tätig: „Deutschland ist geteilt. Seine Literatur ist unteilbar. Oder mit anderen Worten: Was nie zweigeteilt war, wird auch künftig als einheitliches Ganzes fortbestehen" (1980). Günter Grass: „Als etwas Gesamtdeutsches läßt sich in beiden deutschen Staaten nur noch die Literatur nachweisen; sie hält sich nicht an die Grenze, so hemmend besonders ihr die Grenze gezogen wurde." (1980).

haben, in einigen Fällen sogar Popularität und hohe Auflageziffern erreicht haben, z. B. Helmut Sakowski, Horst Salomon, Heinz Kahlau. Auch fehlen einige Autoren der älteren Generation wie Erich Arendt, Stephan Hermlin und Anna Seghers. Erich Arendt hat eine wenig DDR-spezifische Lyrik verfaßt, darin Peter Huchel in etwa vergleichbar; Stephan Hermlin bezeichnet sich selbst als spätbürgerlichen Schriftsteller; seine sehr schöne Erzählung „Abendlicht", die seine eigene Entwicklung schildert, sei hier ausdrücklich genannt; Anna Seghers hat ihrem großen epischen Werk aus der Emigrationszeit später in der DDR, wo sie von 1947 bis 1983 lebte, zwar Erzählungen und Romane hinzugefügt, deren beste sich jedoch *dem* Tema ihrer frühen Jahre zuwenden, das ihr so am Herzen liegt : den Schwachen und Unterdrückten überall in der Welt.—Wer sich zusätzlich informieren will, findet im Anhang die Angabe weiterer Werke von Autoren, die in diesem Band vertreten sind.

Zum Aufbau

Die Zusammenstellung der Texte erfolgte nach *Temen.* Diese wurden nicht aus westlicher Sicht formuliert; sie ergaben sich aus inhaltlichen Merkmalen der Texte, was um so legitimer erscheint, als in der DDR-Literatur inhaltliche Probleme Vorrang haben. Die Titel entsprechen dem Sprachgebrauch in der DDR. Sicher würden sich einige Texte auch anders einordnen lassen, da es Überschneidungen gibt, etwa beim Tema „Sozialistisches Bewußtsein", das sich zustimmend, kritisch oder ablehnend ausdrückt.

Das Lesebuch hat einen dokumentarischen und einen umfassenden literarischen Teil. Die Texte sind durchnumeriert; im Anhang finden sich am Rand die gleichen Zahlen, was das Auffinden der Informationen erleichtert.

Ich habe versucht, die Texte innerhalb der Kapitel im ganzen chronologisch anzuordnen. Texte eines Autors aus verschiedenen Zeiten sind jedoch gelegentlich zusammengerückt, was Entwicklungen sichtbar macht, z. B. in den Texten 28 von Günter Kunert.

Das Buch beginnt mit dem dokumentarischen Teil, der Texte zu den politischen, ideologischen und gesellschaftlichen Voraussetzungen der DDR-Literatur mitteilt. Die Materialien in Kapitel I „Kulturpolitik in der DDR" beziehen sich auf die Zeit von den Anfängen der DDR an bis in die Ära Honecker, der 1971 Walter Ulbricht ablöste. Die Texte 1, 2, 3, 4, 6 sind partei- und regierungsoffizielle Stellungnahmen zu Fragen der sozialistischen Kultur, besonders der sozialistischen Lite-

11

ratur. Wie einengend die Einflußnahme durch die höchste Parteiinstanz sein kann, belegt schlaglichtartig die „Ideenberatung", die Walter Ulbricht im Januar 1971 mit Schriftstellern und bildenden Künstlern durchführte (6). Die Ausführungen Anna Seghers (5) — deren bedeutendes Erzählwerk allerdings vor ihrer Übersiedlung in die DDR (1947) liegt — zeigen eine viel weitere und menschlichere Auffassung von der Aufgabe des sozialistischen Autors; sie zeigen auch, wie hoch die Autorin die Vorbildrolle der sowjetischen Literatur einschätzt. Das Kapitel endet mit einem Text (7), der Schwierigkeiten beschreibt, die Autoren als Folge der gelenkten Kulturpolitik haben können.

In Kapitel II „Marxistische Literaturauffassung in der DDR" werden zunächst die spärlichen theoretischen Ausgangspunkte der marxistischen Literaturauffassung mitgeteilt; denn Marx und Engels haben keine geschlossene Ästhetik entwickelt; ihre Aussagen zur Literatur finden sich verstreut in ihren Werken, sind meist zufällig gemacht und erst später gesammelt und Grundlage der marxistischen Literaturauffassung geworden. An der Spitze steht die wichtig gewordene Aussage von Marx über die materialistische Begründung von Literatur, die, als ein Bereich des „Überbaus", von der „gesellschaftlichen Basis" abhänge (8). Stellungnahmen Friedrich Engels' folgen, die für die Literaturauffassung in der DDR maßgeblich waren: er fordert Tendenzliteratur und Gestaltung „typischer Charaktere unter typischen Umständen" (9). Wie diese Forderungen Theorie und Praxis der DDR-Literatur beeinflußt haben, läßt sich an Texten dieses Bandes ablesen. Definitionen zum Begriff „Sozialistischer Realismus" folgen, beginnend mit der sowjetischen Definition aus der Stalin-Zeit, die bis in die 60er Jahre die Literatur in der DDR stark beeinflußt hat (10 und 11). Zur kritischen Bewertung des sozialistischen Realismus können Brechts Auffassungen beitragen, ebenso die Ausführungen von Georg Lukács, dem ungarischen marxistischen Literaturtheoretiker, und die Beurteilungen westdeutscher Literaturwissenschaftler (12, 13, 14a und b). — Das Selbstverständnis von parteiergebenen Autoren und Funktionären ist zu erfahren aus den Ausführungen Helmut Sakowskis — er ist auch mit einem literarischen Text (41) vertreten — und des für Kultur zuständigen Politbüromitglieds Kurt Hager (15 und 17). Eine vorübergehende Liberalisierung der Kulturpolitik brachte der Regierungsantritt Honeckers 1971; sein bekannt gewordenes Wort von der Enttabuisierung im künstlerischen Bereich steht in Text 16.

Der literarische Textteil beginnt mit Kapitel III, das Texte zum Thema „Sozialistisches Bewußtsein" enthält. Es sind zustimmende Texte (18, 19 und 20) wie kritisch reflektierende (23, 24) bis hin zu den satirischen Texten Kurt Bartschs (26) und den nicht in der DDR veröffentlichten

Liedern Wolf Biermanns (27). — Daß sich in der DDR die Darstellungen der jüngsten Geschichte, des 17. Juni 1953 etwa und der Invasion der Warschauer-Pakt-Truppen in die ČSSR 1968, völlig anders lesen als in der Bundesrepublik, zeigen die Texte 21, 22 und 23; die beiden letzten sind nicht in der DDR veröffentlicht; ihre Verfasser Kurt Bartsch und Reiner Kunze leben inzwischen im Westen. Die Gedichte Günter Kunerts und sein Prosatext „Der Kompromiß" (28) verdeutlichen eine Entwicklung, die für viele Autoren drüben symptomatisch ist: der anfängliche „Traum" von der Erneuerung durch den Sozialismus ist einer tiefen Skepsis gewichen. Das drückt auch der Ausschnitt aus Jurek Beckers Roman „Schlaflose Tage" aus.

In Kapitel IV kommt die sozialistische Arbeitswelt zur Darstellung. Folgende Themen werden in erzählenden, lyrischen und dramatischen Texten behandelt: Schwierigkeiten des wirtschaftlichen und gesellschaftlichen Aufbaus in den Anfangsjahren der DDR (30); Probleme der Planwirtschaft und deren Auswirkungen auf die Gesellschaft (31, 32, 33, 36, 37); die Versuche „schreibender Arbeiter" in Gedichten (34), wobei die traditionelle Sprache auffällt, die eine heile Welt vorgibt; dann menschliche, vor allem erotische Probleme, die neben den wirtschaftlichen nun in der Literatur wichtig werden (35).

In Kapitel V: „Junge Generation" werden Fragen junger Leute in der DDR aufgegriffen: die Einordnung ins Kollektiv (38, 39); wie Ehen zustandekommen und welche Bedeutung dabei ideologische und gesellschaftliche Belange haben (40, 41); die Situation einer jungen unverheirateten Mutter (42); die Beziehung des Individuums zu Gesellschaft und Staat, wie Jugendliche in der DDR sie erleben und empfinden (44, 45, 46); schließlich das Ausbrechen junger Leute aus dem festen Rahmen der sozialistischen Gesellschaft in eine Außenseiterrolle, wie dies exemplarisch die weithin bekannt gewordene Erzählung Ulrich Plenzdorfs von den „Neuen Leiden des jungen W." manifestiert (47, 48).

Kapitel VI „Individualismus und Innerlichkeit" enthält Texte, meist Gedichte, die die Wiedergewinnung einer bewußten und konzentrierten Ich-Aussage zeigen; diese war in den 50er Jahren durch das Lob des kollektiven Wir zurückgedrängt worden. Einige Texte belegen die Verdrängung des „sozialistischen" Menschenbildes zugunsten eines allgemeineren Menschseins (50, 51), andere die bleibende Tatsache der Isolierung des Menschen (53), andere das Beharren auf der eigenen Position gegenüber den Ansprüchen der herrschenden Partei (52), andere die Entdeckung christlicher Werte (55, 56). Von der SED[2] und

---

[2] So auf der II. Bitterfelder Konferenz und auf dem 11. Plenum des ZK im Dezember 1965.

dem Schriftstellerverband der DDR wurde die Rückbesinnung auf die Ich-Aussage verurteilt; dies konnte aber die Hinwendung zum Individuum in der neueren DDR-Lyrik nicht verhindern. In den 70er Jahren, besonders nach der Biermann-Ausbürgerung, ist das Bestehen auf der persönlichen Aussage noch stärker geworden.

In Kapitel VII „Abgrenzung zur Bundesrepublik" stehen Texte, die die Auseinandersetzung mit der Bundesrepublik zum Inhalt haben. Um den Bezug dieser Texte zur herrschenden Parteiauffassung deutlich zu machen, sind Stellungnahmen Ulbrichts und Honeckers zu dieser Frage vorangestellt. Widersprüchlich sind die Reaktionen von Schriftstellern auf die geforderte Distanzierung zum westdeutschen Staat: Hanns Cibulka und Roger Loewig drücken Verbundenheit aus (58, 63), andere scharfe Abwertung bis hin zur Diffamierung der Bundesrepublik, so Jens Gerlach und Wolf Biermann (59, 61). Wie jemand durch die Geheimdienste der beiden Staaten in Deutschland in Bedrängnis geraten kann, schildert Erich Loest (62). Mit einem Text der Liedermacherin Bettina Wegner, die den Verlust vieler DDR-Autoren und -Sänger an das westliche Deutschland beklagt (64), schließt das Kapitel.

Anmerkungen zur Kulturpolitik und zur Entwicklung der Literatur in der DDR

Um die Texte dieses Buches in etwa einzuordnen in die Entwicklung der Literatur in der DDR, soll diese kurz beschrieben werden, vor allem im Hinblick auf die Spannung zwischen der gelenkten Kulturpolitik und dem Freiraum der Autoren. In den ersten Jahren nach 1945 war die Kulturpolitik in der damaligen sowjetisch besetzten Zone (SBZ) ziemlich liberal und finanziell großzügig. Viele Autoren, die vor dem Hitler-Regime hatten fliehen müssen oder die in die innere Emigration gegangen waren, entschieden sich damals für das östliche Deutschland. Die bedeutendsten waren: Bertolt Brecht, Arnold Zweig, Anna Seghers, Stefan Heym, Peter Huchel, Johannes R. Becher, Erich Arendt und Stephan Hermlin. Die literarische Ausgangsposition der DDR war durch die Mitarbeit so vieler anerkannter Autoren günstiger als die der Bundesrepublik.

Erst die Gründung der DDR 1949 konfrontierte in wachsendem Maße die Künstler mit der von der SED bestimmten straffen Kulturpolitik. Literatur wurde wie die Künste insgesamt zum Instrument des politischen Kampfes für den Aufbau des sozialistischen Staates. Die jeweils propagierten Ziele wurden den Schriftstellern zur Bearbeitung empfohlen, so in den 50er und frühen 60er Jahren der wirtschaftliche Aufbau im Rahmen der verschiedenen „sozialistischen Pläne"[3]. Anfang der 60er

---

[3] Siehe die Szenen aus Heiner Müllers „Der Lohndrücker", Text 30.

Jahre kam die Darstellung des „sozialistischen Frühlings auf dem Lande" hinzu, d. h. der Kollektivierung der Landwirtschaft[4], die unter erheblichem Druck von oben durchgeführt wurde. Beim „umfassenden Aufbau des Sozialismus" in den 60er Jahren wurde dann den Schriftstellern die „Ankunft im Wir", die „Erziehung zur sozialistischen Menschengemeinschaft" zur Aufgabe gestellt[5]. So sollte die Kunst und besonders die Literatur immer stärker als pädagogische Kraft in das einheitliche Gesamtsystem materiell-technischer, ökonomisch-politischer und geistig-kultureller Verhältnisse integriert werden. Viele Schriftsteller sahen sich zum parteiideologischen Bekenntnis gezwungen — oder sie gingen in den Westen.

Unter Führung der SED erarbeitete man in enger Anlehnung an das sowjetische Modell die Theorie des sozialistischen Realismus, die vom Zentralkomitee der SED 1951 zum verbindlichen Gestaltungsprinzip erklärt wurde. An den „kritischen Realismus" der Weimarer Zeit wie an die Literatur der „proletarisch-revolutionären" Tradition der 20er Jahre[6] knüpfte man nicht an, obwohl gerade das nahegelegen hätte, da einige ihrer bedeutenden Vertreter nun in der DDR lebten. Mit der Absage an literarische Traditionen der 20er Jahre und mit der Übernahme des sowjetischen Modells des sozialistischen Realismus (siehe Text 10) verlief die literarische Entwicklung in der DDR anders als in der Bundesrepublik. Dies betonen Kulturfunktionäre mit Nachdruck; nach ihrer Auffassung gibt es keine gesamtdeutsche Literatur mehr, da die DDR-Literatur auf der Grundlage der sozialistischen Gesellschaft Teil der „sozialistischen Nationalkultur" geworden sei. Diese sei als die „Erfüllung der humanistischen Kultur des deutschen Volkes" anzusehen, wie es das Programm der SED formuliert (Text 2). Die Konzeption, daß Kunst Instrument oder deutlicher noch „Waffe" zur Durchsetzung sozialistischer Gesellschaftsformen sei, hat sich in den mehr als 30 Jahren seit dem Bestehen der DDR nicht geändert. Dafür ein Beleg aus dem Jahre 1971. Auf Hermann Kants Meinung, daß der Schriftsteller mit dem, was er schreibt, der „gesellschaftlichen Entwicklung nicht schaden dürfe", antwortete Walter Ulbricht: „Das ist aber nicht die ganze Wahrheit. Die ganze Wahrheit besteht darin, daß das literarische Werk unserer sozialistischen Gesellschaft nicht nur nicht schaden darf, sondern daß

---

[4] Siehe die Szene aus dem bäuerlich-sozialistischen Volksstück „Steine im Weg", Text 41.

[5] Siehe das Gedicht Text 20 oder die Szene aus „Ein Lorbaß", Text 39.

[6] 1928 gründeten Autoren, die sich der kommunistischen Bewegung angeschlossen hatten (u. a. Johannes R. Becher, Bertolt Brecht, Anna Seghers) zusammen mit Arbeiter-Schriftstellern wie Willi Bredel, Hans Marchwitza, Bruno Apitz den „Bund proletarisch-revolutionärer Schriftsteller".

es bei der Entwicklung der Menschen zu sozialistischen Persönlichkeiten helfen soll[7]."

Diese pädagogisch-politische Funktion von Literatur in der DDR erlaubt den Schriftstellern keine Kritik an Partei, Staat und Gesellschaft und keinen Skeptizismus; sie fordert von ihnen, daß sie sich mit den Grundsätzen der Partei identifizieren und die unbefriedigende Wirklichkeit unter der Perspektive einer besseren Zukunft darstellen. Diese Haltung wird als „Parteilichkeit" bezeichnet; sie ist die wichtigste Voraussetzung sozialistischen Schreibens.

Besonders eindringlich zeigte sich die Verknüpfung zwischen Parteiideologie und Kulturpolitik in den Bitterfelder Konferenzen 1959 und 1964, auf denen Schriftsteller, Vertreter der SED mit Ulbricht an der Spitze, Chemiearbeiter aus Bitterfeld bei Halle/Saale und Verlage zusammen eine DDR-spezifische Kulturpolitik entwarfen. Ihre Ziele sollten einmal durch die Arbeiter selbst verwirklicht werden und gipfelten in dem Appell: „Greif zur Feder, Kumpel, die sozialistische Nationalkultur braucht dich!" Die Schriftsteller wurden aufgerufen, ihre bürgerliche Lebensform aufzugeben und mit den Arbeitern „an der Basis" zu arbeiten, um aus unmittelbarer Erfahrung die neuen Lebens- und Arbeitsformen lebensnah darstellen zu können. Die „Kluft zwischen Kunst und Leben" sollte auf diese Weise überwunden, die Kunst dem Leben angenähert werden.

Was ist aus diesem revolutionär anmutenden Programm geworden? Da die Partei und die ihr angeschlossenen „Massenorganisationen" wie FDJ, FDGB seine Realisierung in die Hand nahmen, wurde einiges organisiert: in den Fabriken und auf den Landwirtschaftlichen Produktionsgemeinschaften entstanden Kulturclubs und „Zirkel schreibender Arbeiter", von denen es bald Hunderte gab und noch gibt. Eine Flut von Arbeiterdichtung wurde von den frühen 60er Jahren an veröffentlicht (Texte 34); in der Bevölkerung blieb sie ohne stärkeres Echo.

Und die Schriftsteller, die dem Appell folgten? Einige von ihnen hatten Schwierigkeiten, weil sie auch negative Erfahrungen behandelten, so Peter Hacks in seinem Drama „Die Sorgen und die Macht" (Text 31) und Volker Braun in seinem Bergleute-Stück „Die Kipper" und in dem Brigadestück „Freunde" (Text 35). Andere Autoren wie Günter Kunert, Stefan Heym, Fritz Rudolf Fries, Johannes Bobrowski haben sich der Bitterfelder Bewegung ferngehalten. Franz Fühmann, ein bekannter sozialistischer Autor, erklärte, er sei unter den Arbeitern trotz vielen Bemühens ein Fremder geblieben und den erwarteten Betriebsroman könne er nicht schreiben. — Übersieht man heute die „Bitterfelder Be-

---

[7] NDL, Heft 4, 1971, S. 17.

wegung", so muß man ihr Ziel: kreative Teilhabe des Arbeiters an der Kultur, als nicht erreicht bezeichnen — während die Arbeitswelt zeitweilig für einige Schriftsteller ein wichtiges Thema geworden ist und in Grenzen noch ist. Aber die Distanzierung von Bitterfeld ist seit Anfang der 70er Jahre — nach dem Abgang Ulbrichts — in Gang gekommen. Hermann Kant sprach 1973 auf einem Schriftstellerkongreß in Ostberlin vom „Abschied von Bitterfeld".

Staaten, die ihre Künstler straff in ihr politisches System einzuordnen versuchen, sind für äußere und innere Erschütterungen anfällig. Diese können zu Lockerungen in der Kulturpolitik führen, zu „Tauwettern". Auch die DDR kennt solche Einbrüche in die strenge kulturpolitische Linie. Das erstemal geschah dies nach Stalins Tod 1953. Auch nach dem XX. Parteitag der sowjetischen kommunistischen Partei in Moskau 1956, — er brachte die Enthüllungen über Stalins Verbrechen —, erlebte die DDR ein kurzes „Tauwetter", das sich in heftigen Auseinandersetzungen in der Öffentlichkeit und einem von jungen Künstlern in Karl-Marx-Stadt veranstalteten Kongreß entlud[8]. Beide „Tauwetter" dauerten aber in der DDR nicht lange an, ganz im Gegensatz zu Polen, Ungarn und der Sowjetunion, wo die Schriftsteller für einige Jahre mehr Freiraum hatten. — Eine Zeit toleranterer Kulturpolitik in der DDR waren auch die ersten Jahre nach dem Bau der Mauer. Die Abriegelung vom westlichen Deutschland zwang die Machthaber dazu, im Innern eine vorsichtige Liberalisierung zu ermöglichen, um den psychologischen Schock des Mauerbaus zu mildern.

Diese tolerantere Kulturpolitik Anfang der 60er Jahre brachte der DDR-Literatur eine kurze Blüte: es entstanden Werke, die auch außerhalb Beachtung fanden. Dazu gehören einige Romane — und hier zeigt sich dann doch ein Einfluß der Bitterfelder Bewegung — von denen die bekanntesten sind: „Ole Bienkopp" von Erwin Strittmatter, „Der geteilte Himmel" von Christa Wolf, „Spur der Steine" von Erik Neutsch und „Die Aula" von Hermann Kant (Text 40 ist daraus entnommen). Bei grundsätzlicher Bindung an den Sozialismus wird in diesen Werken kritischer Reflexion und der Einbeziehung negativer Aspekte Raum gegeben. Auch im Formalen und Sprachlichen sind Eigenständigkeit und Individualität gewachsen; die Annäherung an moderne Stilmittel wie innerer Monolog und verschiedene Zeit-, Handlungs- und Stilebenen gilt nicht mehr wie in der Stalinzeit als westlich und dekadent. Von diesem liberalen Strom wurden auch Autoren emporgetragen, die sich nicht mit den geforderten sozialistischen Themen befaßten;

---

[8] Näheres zu den verschiedenen „Tauwettern" bei Martin Jänicke: Der Dritte Weg. Köln 1964, S. 128 ff.

darunter sind die in diesem Buch vertretenen Schriftsteller Johannes Bobrowski (Text 50), Fritz Rudolf Fries (Text 42) und Günter Kunert (Texte 28, 53 und 60). Eine faszinierende Gestalt unter diesen jüngeren Autoren, die im Aufwind der liberaleren Kulturpolitik der frühen 60er Jahre an die Öffentlichkeit traten, ist Wolf Biermann (Texte 27, 52 und 61). In seinen Liedern und Gedichten spricht er als engagierter Kommunist, der nicht aufhört, den Widerspruch zwischen sozialistischem Anspruch und machtpolitisch bestimmter Praxis der DDR-Führung aufzudecken; das hat 1976 zu seiner Zwangsausbürgerung geführt.

Ende 1965 ging die SED zu einer erneuten Straffung der Kulturpolitik über. Der Kampf gegen „Liberalisierung" und „spießbürgerlichen Skeptizismus" begann erneut. Werner Bräunig, dessen Darstellung der Arbeitswelt zu negativ sei (Text 32) und andere Autoren wie Wolf Biermann und Stefan Heym wurden scharf angegriffen.

Eine Auswirkung der damaligen Verhärtung war auch die Schaffung einer zusätzlichen Kontrollbehörde, des „Büros für Urheberrechte", das Veröffentlichungen von DDR-Autoren im Ausland genehmigen muß; zum Ausland gehört auch die Bundesrepublik Deutschland. Diese Regelung ist durch gesetzliche Sanktionen abgesichert, die im Laufe der Jahre verschärft worden sind. So kann ein Autor zu hohen Geldstrafen verurteilt werden, wenn er im Ausland, also auch in der Bundesrepublik, ohne Genehmigung dieses Büros veröffentlicht. In welchen Konflikt kann da ein Autor geraten, dessen Werk in der DDR nicht zur Veröffentlichung freigegeben ist und der dann auch keine Druckgenehmigung fürs Ausland bekommt! Die nicht genehmigte Veröffentlichung im Westen, die Strafe nach sich zieht, oder aber das Verlassen der DDR, das sind die Alternativen, vor die ein Autor sich gestellt sehen kann, wenn er nicht ganz verstummen will.

Die verhärtete Kulturpolitik in der zweiten Hälfte der 60er Jahre hat auch die Kontakte zwischen den Schriftstellern in der Bundesrepublik und in der DDR — im Gegensatz zu den liberaleren frühen 60er Jahren — seltener werden lassen. Die Abgrenzungsideologie bestimmte im politischen, kulturellen wie menschlichen Bereich die Beziehungen. Das Ende der Ulbricht-Zeit und die Übernahme des höchsten Parteiamtes durch Erich Honecker im Mai 1971 bedeutete, wie nicht anders zu erwarten, eine Zäsur in der Literaturpolitik und damit in der Literatur. Honecker kündete schon im Sommer 1971 eine neue, großzügige Kulturpolitik an. Er forderte Verständnis für die Suche nach neuen Formen, er rief zum Meinungsstreit auf, wandte sich gegen Inhaltsarmut und Farblosigkeit, gegen Oberflächlichkeit und Langeweile in der Kunst. Epoche machte dann im Dezember 1971 seine Forderung nach dem Ende aller Tabus in Kunst und Literatur, wenn die Künstler nur von den festen

Grundlagen des Sozialismus ausgingen (Text 16). Die Folge dieser Signale war ein ungemein lebendiges und reiches literarisches Leben. Schubladentexte, deren Erscheinen kaum erhofft wurde, Bücher und Theaterstücke, deren Erscheinen bislang verhindert worden war, kamen an die Öffentlichkeit; zum Schweigen verurteilte Dichter durften wieder veröffentlichen. Eine Sensation war 1973 das Erscheinen von Plenzdorfs „Neuen Leiden des jungen W." (Ausschnitt daraus Text 47). Ein ausgeflippter Jugendlicher, der an der sozialistischen Gesellschaft leidet, identifiziert sich mit Goethes Werther und geht wie dieser zugrunde. Das Außergewöhnliche daran in einer sich sozialistisch nennenden Gesellschaft ist, daß nicht der junge W. schuld an seinem Elend ist, sondern eben diese Gesellschaft. Sie nicht als heile Welt darzustellen, wie es durch Jahrzehnte gefordert wurde, sondern ihre Konflikte aufzudecken und das lange Verschwiegene auszusprechen, das wurde jetzt Thema von Literatur. Manche Schriftsteller wurden kühn in der Wahl ihrer Themen und Formen. Das beunruhigte die SED-Führung, zumal sie fürchten mußte, daß dieser Prozeß der Demokratisierung seine eigene Dynamik haben würde und vielleicht nicht mehr rückgängig zu machen sei.

So fand wieder einmal die Rückkehr zur straffen Reglementierung der Künste statt. Die Ausbürgerung Biermanns im November 1976 setzte das Signal, das unmißverständlich zeigte, daß der Freiheit der Kunst Grenzen gesteckt blieben. Die Folgen dieser Ausbürgerung sind bekannt: viele Künstler, darunter anerkannte Schriftsteller, solidarisierten sich mit Biermann und protestierten gegen seine Ausbürgerung, die trotz dieser Proteste nicht zurückgenommen wurde. So kam es zur „Ausreise" bzw. zur „Abschiebung" vieler Künstler in die Bundesrepublik. Die DDR wurde durch diese Verluste arm (Text 64), ihre Literatur geriet weitgehend wieder auf jene Linie, die den Erwartungen der SED entsprach.

Doch gehört die bis heute andauernde straffe Kulturpolitik nicht mehr zum Thema dieses Buches. Der Nachfolgeband „Jugend, Sozialismus, Deutsche Frage" ist der Literatur der Endsiebziger Jahre gewidmet, da Literatur aus diesem Zeitraum, vor allem durch die Übersiedlung vieler DDR-Autoren, die ihre Manuskripte in den Westen mitbrachten, einen eigenen Band füllt.

Materialien

Kulturpolitik in der DDR

> Ich glaube nicht, daß Veränderungen von künstlerischen Mitteln und Genrestrukturen an sich optimale Leistungen in Kunst und Literatur hervorzubringen vermögen. Ein Philosophieren darüber führt noch weniger zum Erfolg. Entscheidend ist, welche Veränderungen sich im Inhalt der Literatur vollziehen. Und da gebe ich den künstlerischen Mitteln und den Genrestrukturen die alleinige Chance, die helfen, die Wirklichkeit zu entdecken und Erfindungen über die Wirklichkeit zu machen. Kunst ist Waffe. Sozialistische Kunst ist Waffe im Klassenkampf zwischen Sozialismus und Imperialismus. Am perspektivreichsten sind daher jene künstlerischen Werke, die die Kunst als Waffe schärfen, im Leninschen Sinne die Parteiliteratur.[1]   *Erik Neutsch*

Der Kampf gegen den Formalismus in Kunst und Literatur, für eine fortschrittliche deutsche Kultur   1

(Aus der Entschließung des ZK der SED, angenommen auf der V. Tagung vom 15. — 17. März 1951)

Trotz aller Erfolge hat die Entwicklung auf kulturellem Gebiet nicht mit den großen Leistungen auf wirtschaftlichem und politischem Gebiet Schritt gehalten.

Genosse Johannes R. Becher[2] sagte auf unserem III. Parteitag:

„Es wäre ebenso unsinnig wie schädlich, es abzustreiten oder mit irgendwelchen Entschuldigungen zu beschönigen, daß wir Kulturschaffenden in unseren künstlerischen Leistungen bisher noch weit zurückgeblieben sind hinter den Forderungen des Tages, hinter den Forderungen der Epoche. Was haben wir, bis auf wenige Ausnahmen, den Erfolgen der Aktivistenbewegung entgegenzustellen?“

---

[1] Aus: Unsere Revolutionen. In: NDL Heft 1, Berlin (Ost) 1971, S. 48.

[2] Johannes R. Becher (1891—1958), Schriftsteller, der zunächst zu den Wortführern des Expressionismus gehörte; stieß nach dem 1. Weltkrieg zur kommunistischen Partei und trug zur Entstehung „proletarisch-revolutionärer Literatur“ bei; in der NS-Zeit in Moskau im Exil. Nach 1945 am kulturellen Leben in der DDR als Schriftsteller wie als Kulturminister maßgeblich beteiligt.

Die Hauptursache für das Zurückbleiben in der Kunst hinter den Forderungen der Epoche ergibt sich aus der Herrschaft des Formalismus in der Kunst sowie aus Unklarheiten über Weg und Methoden des Kunstschaffenden in der Deutschen Demokratischen Republik.

Viele der besten Vertreter der modernen deutschen Kunst stehen in ihrem Schaffen vor dem großen Widerspruch zwischen einem neuen Inhalt und den unbrauchbaren Mitteln der formalistischen Kunst. Um einen neuen Inhalt zu gestalten, muß man den Formalismus überwinden. Der Formalismus bedeutet Zersetzung und Zerstörung der Kunst selbst. Die Formalisten leugnen, daß die entscheidende Bedeutung im Inhalt, in der Idee, im Gedanken des Werkes liegt. Nach ihrer Auffassung besteht die Bedeutung eines Kunstwerkes nicht in seinem Inhalt, sondern in seiner Form. Überall, wo die Frage der Form selbständige Bedeutung gewinnt, verliert die Kunst ihren humanistischen und demokratischen Charakter.

Eine Formgebung in der Kunst, die nicht vom Inhalt des Kunstwerkes bestimmt wird, führt in die Abstraktion. Eine Formgebung, die der objektiven Wirklichkeit widerspricht, kann die Erkenntnis der objektiven Wirklichkeit nicht vermitteln. Wenn durch die Kunst die Erkenntnis der Wirklichkeit nicht vermittelt wird, dann erfüllt auch die Kunst ihre hohe Mission nicht, da die Kunst nach Karl Marx in allen Entwicklungsetappen der Menschheit die künstlerisch praktische Methode ist, sich die Welt anzueignen, mit anderen Worten, eine Form der Erkenntnis der Wirklichkeit ist.

Die Leugnung der grundlegenden Bedeutung des Inhalts eines Kunstwerkes ist nicht nur ein Zeichen der Rückständigkeit, mit der es für einen wahren Künstler keine Versöhnung geben kann, sondern führt zur Zerstörung der künstlerischen Form. Leugnung des Inhalts und Zerstörung der künstlerischen Form — das bedeutet Zersetzung und Zerstörung der Kunst selbst.

Das wichtigste Merkmal des Formalismus besteht in dem Bestreben, unter dem Vorwand oder auch der irrigen Absicht, etwas „vollkommen Neues" zu entwickeln, den völligen Bruch mit dem klassischen Kulturerbe zu vollziehen. Das führt zur Entwurzelung der nationalen Kultur, zur Zerstörung des Nationalbewußtseins, fördert den Kosmopolitismus und bedeutet damit eine direkte Unterstützung der Kriegspolitik des amerikanischen Imperialismus. [...]

Um die Herrschaft des Formalismus in der Kunst zu beseitigen, ist es notwendig, eine realistische Kunst zu entwickeln.

„Realismus bedeutet, meines Erachtens, außer der Treue des Details die getreue Wiedergabe typischer Charaktere unter typischen Umständen." (Engels an Margaret Harkneß, April 1888.)

Um eine realistische Kunst zu entwickeln, orientieren wir uns am Beispiel der großen sozialistischen Sowjetunion, die die fortschrittlichste Kultur der Welt geschaffen hat.

Genosse Shdanow hat 1934 wie folgt formuliert:

„Genosse Stalin nannte unsere Schriftsteller die Ingenieure der menschlichen Seele. Was heißt das? Welche Verpflichtung legt ihnen dieser Name auf?

Das heißt erstens, das Leben kennen, es nicht scholastisch, nicht tot, nicht als ‚objektive Wirklichkeit‘, sondern als die Wirklichkeit in ihrer revolutionären Entwicklung darzustellen. Dabei muß die wahrheitsgetreue und historisch konkrete künstlerische Darstellung mit der Aufgabe verbunden werden, die werktätigen Menschen im Geiste des Sozialismus umzuformen und zu erziehen. Das ist die Methode, die wir in der Literatur und in der Literaturkritik als sozialistischen Realismus bezeichnen."

Welche Lehren haben wir daraus für das Kulturschaffen in der Deutschen Demokratischen Republik zu ziehen? Um eine realistische Kunst zu entwickeln, „die ... die neuen gesellschaftlichen Verhältnisse in der Deutschen Demokratischen Republik zum Ausdruck bringt" (Entschließung des III. Parteitages der SED), müssen unsere Kulturschaffenden das Leben richtig, d. h. in seiner Vorwärtsentwicklung darstellen. Dazu ist die Kenntnis der Entwicklung des Lebens erforderlich. Die typischen Umstände unserer Zeit, unter denen die getreue Wiedergabe typischer Charaktere erfolgen soll, sind die neuen gesellschaftlichen Verhältnisse in der Deutschen Demokratischen Republik, das ist der Kampf um die Lösung der Lebensfragen unseres Volkes.

Entsprechend diesen Verhältnissen muß die wahrheitsgetreue, historische, konkrete künstlerische Darstellung mit der Aufgabe verbunden werden, die Menschen im Geiste des Kampfes für ein einheitliches, demokratisches, friedliebendes und unabhängiges Deutschland, für die Erfüllung des Fünfjahrplans, zum Kampf für den Frieden zu erziehen. Die realistische Kunst vermittelt die Erkenntnisse der Wirklichkeit und erweckt in den Menschen Bestrebungen, die geeignet sind, sich in einer fortschrittlichen, schöpferischen Tätigkeit im Sinne der Lösung der Lebensfragen unseres Volkes zu verkörpern.

Die sozialistische Nationalkultur als die Erfüllung der humanistischen Kultur des deutschen Volkes 2

(Aus dem Programm der SED 1963)

In der Periode des umfassenden Aufbaus des Sozialismus führt die Sozialistische Einheitspartei Deutschlands die Herausbildung des neuen, sozialistischen Inhalts und der ihm entsprechenden neuen Formen der Nationalkultur weiter, um die kulturelle Grundaufgabe zu erfüllen: die geistige Formung des Menschen der sozialistischen Gesellschaft und die Entwicklung der sozialistischen Nationalkultur. Mit der Herausbildung der sozialistischen Nationalkultur wird unsere Nation die bisher höchste Stufe ihrer kulturellen Entwicklung erreichen. Die sozialistische Nationalkultur ist die Kultur des realen Humanismus, eine echte Volkskultur. Sie stellt damit eine neue historische Qualität dar.

Die sozialistische Nationalkultur führt gesetzmäßig alles Große, Humanistische, Fortschrittliche, das die Kultur unseres Volkes in der Vergangenheit hervorgebracht hat, weiter und vereint es mit den kulturellen Traditionen des mehr als hundertjährigen revolutionären Kampfes der deutschen Arbeiterklasse. Die sozialistische deutsche Nationalkultur entfaltet sich als Teil der Kultur des sozialistischen Weltsystems, die die Hauptlinie der Entwicklung der Menschheitskultur in unserer Epoche bestimmt. Sie verwirklicht die kühnsten Erziehungs- und Kulturideale humanistischer Denker aller Zeiten. Denn sie ist darauf gerichtet, eine harmonische Einheit von geistiger und körperlicher Arbeit herbeizuführen und die kulturellen Unterschiede zwischen Stadt und Land zu überwinden. Das Volk, das mehr und mehr zum Gestalter der neuen Lebensweise wird, entwickelt mit all seinen schöpferischen Kräften die Kultur weiter. Die eigene künstlerische Betätigung der Werktätigen in Stadt und Land ist eines der bestimmenden Elemente unserer Kultur. Durchdrungen vom Geiste des sozialistischen Internationalismus, verbindet sie sich in immer innigerer Wechselbeziehung mit der Kultur der Völker der Sowjetunion und des ganzen sozialistischen Lagers und ist zugleich weltoffen für humanistische Kulturleistungen aller Völker.

Die im Kunstwerk gestalteten Erkenntnisse und Gefühle dienen der moralischen Veränderung im Geiste des Sozialismus. Sie regen sie zu großen Taten für den Sozialismus an, erwecken in ihnen die Liebe zur Arbeit, bereichern das geistige Leben des Volkes, bilden die rationalen und emotionalen Fähigkeiten des Menschen der sozialistischen Gemeinschaft und erziehen ihn zu echter Lebensfreude. So trägt die Kunst zugleich dazu bei, die Begeisterung für bahnbrechende Produktionstaten zu wecken und das Leben schöner zu machen. Da unsere Epoche der großen gesellschaftlichen Umwälzungen, der kühnen Vorstöße in den Weltenraum, der Herausbildung wahrhaft menschlicher Beziehungen reich an großen und starken Gefühlen ist, sind unsere Künstler und Schriftsteller vor die Aufgabe gestellt, in ihren Werken dieses neue, sozialistische Lebensgefühl zu gestalten.

Die Sozialistische Einheitspartei Deutschlands setzt sich dafür ein, daß der sozialistische Realismus mit tiefem Ideengehalt, mit mehr Phantasie und echtem Neuerertum, mit der ganzen Weite seiner schöpferischen Möglichkeiten in den verschiedenen Schaffensformen, Stilen und Gattungen diese Aufgabe erfüllt. Solche Werke, in denen das Neue unserer Gesellschaft gestaltet wird, erfordern künstlerische Meisterschaft, die auf der Verbindung von Kunst und Leben beruht.

Aus der Entschließung des VIII. Parteitages der SED, Juni 1971 3

6. Der Parteitag stellt fest, daß wir auf dem Wege zur Entwicklung der *sozialistischen Nationalkultur* in der Deutschen Demokratischen Republik ein gutes Stück vorangekommen sind. Dazu haben unsere Schriftsteller und Künstler wirksam beigetragen.

Der Politik der Partei in den Fragen der Kultur liegen die Leninschen Prinzipien der Parteilichkeit und Volksverbundenheit zugrunde. Die Partei wird den Künstlern immer vertrauensvoll zur Seite stehen.

Die neuen Werke unserer sozialistischen Literatur und Kunst werden eine um so höhere Wirksamkeit im Leben des Volkes erreichen, wenn es den Schriftstellern, Künstlern und Volkskunstschaffenden noch besser gelingt, den Ideenreichtum, die Schöpferkraft und die Gefühlswelt der Arbeiterklassen und des ganzen Volkes zu erfassen und mit großer Überzeugungskraft zu gestalten. Die Kulturschaffenden leisten damit zugleich einen wesentlichen Beitrag in der ideologischen Auseinandersetzung mit dem Imperialismus, seiner Kulturbarbarei und seiner ideologischen Diversion gegen die Länder des Sozialismus. Die entwickelte sozialistische Gesellschaft gewinnt ein neues Verhältnis zum humanistischen Erbe, dessen Pflege und Aneignung für immer mehr Werktätige zum echten Bedürfnis ihrer Persönlichkeitsbildung wird.

Der Parteitag hält es für erforderlich, die kulturelle Betätigung der Werktätigen und im Wohngebiet weiter nach Kräften zu fördern. Besondere Aufmerksamkeit ist der Entwicklung des geistig-kulturellen Lebens in den Dörfern und der kulturellen Erziehung der Jugend zu widmen.

(Aus dem Programm der SED 1976)

Die Sozialistische Einheitspartei Deutschlands fördert die sozialistische Kultur in allen materiellen Bereichen und geistigen Sphären der Gesellschaft. Sie setzt sich dafür ein, den Reichtum materieller und geistiger Werte der sozialistischen Kultur umfassend zu mehren und ein vielseitiges anregendes kulturelles Leben zu entfalten. Ein wichtiges Anliegen ist die systematische Erhöhung der sozialistischen Arbeitskultur in allen Stätten der Arbeit und des Lernens.

Die Partei tritt dafür ein, alle Möglichkeiten und vielfältige Formen für die Entwicklung eines kulturvollen sozialistischen Gemeinschaftslebens in den Städten, Dörfern und Erholungsgebieten zu nutzen. Es gilt, mehr Voraussetzungen für kulturelle Gemeinschaftserlebnisse, für niveauvolle Geselligkeit, Unterhaltung und Tanz sowie für sportliches Wetteifern zu schaffen.

Die entwickelte sozialistische Gesellschaft wird durch eine hohe geistige Kultur gekennzeichnet. Das persönliche Bedürfnis nach künstlerischem und ästhetischem Genuß verbindet sich immer mehr mit der schöpferischen Entfaltung der eigenen künstlerischen Fähigkeiten. Die Partei erweist daher dem kulturellen Schöpfertum des Volkes und dem künstlerischen Volksschaffen allseitige Unterstützung.

Die Sozialistische Einheitspartei Deutschlands unterstützt alle Bemühungen, die auf das Aufblühen einer sozialistisch-realistischen Kunst gerichtet sind. Eine solche Kunst beruht auf tiefer innerer Verbundenheit mit der Wirklichkeit des Sozialismus und dem Leben des Volkes, auf konsequenter Parteinahme für Frieden, Demokratie und Sozialismus, gegen Imperialismus, Aggression und Reaktion. Durch seine künstlerische Kraft, seine Parteilichkeit und Volksverbundenheit, durch seine Weite und Vielfalt vermag das sozialistisch-realistische Kunstschaffen einprägsam auf das Leben des Volkes zu wirken, sozialistische Überzeugungen, Lebenseinstellungen und -beziehungen, den Sinn für Schönheit und die Ideale der Arbeiterklasse zu formen. Die Partei setzt sich für die Vertiefung des sozialistischen Ideengehaltes in den Künsten ein. Sie fördert das Streben nach künstlerischen Entdeckungen, die zur Bereicherung der sozialistischen Kunst und der gesellschaftlichen Wirklichkeit beitragen. Die künstlerische Entwicklung erfordert eine Atmosphäre, die durch hohe ideelle, moralische und ästhetische Ansprüche an die Kunstschaffenden, durch verständnisvolles Verhalten gegenüber den Künstlern sowie durch die Förderung aller Talente charakterisiert wird.

Die Sozialistische Einheitspartei Deutschlands tritt dafür ein, ein Niveau des literarischen Lebens, der bildenden Künste, der Musikkultur, der Theaterarbeit, der Film- und Fernsehkunst sowie der Arbeit der Museen und Bibliotheken zu erreichen, das den steigenden Ansprüchen der entwickelten sozialistischen Gesellschaft und der internationalen Stellung der Deutschen Demokratischen Republik gerecht wird. Literatur- und Kunstkritik haben die Aufgabe, diese Prozesse feinfühlig und prinzipienfest zu fördern.

Anna Seghers
Die Aufgaben des Schriftstellers heute 5

Aus dem sozialistischen Bewußtsein gehen völlig neue Themen hervor. Das ist auch der Fall, wenn das Werk einen anderen Gegenstand hat als den Aufbau des Sozialismus, wenn sich dieser keineswegs unmittelbar darin spiegelt. Man könnte viele sowjetische Bücher als Beispiel heranziehen. Was auch darin vorkommt, immer bleibt der Eindruck, daß ihre Autoren, was in der Welt geschieht, von einem neuen unverfälscht sozialistischen Standpunkt aus betrachten.
Erst wenn entwickeltes Bewußtsein und wirkliches Talent zusammenkommen, entstehen menschenverändernde, auf Menschen wirkende Kunstwerke. Um das vollkommen gelungene Kunstwerk, das viele subjektive und objektive Voraussetzungen hat, gab es und gibt es vorher und gleichzeitig viele Versuche, nur ein Vorgefühl von der neuen, der sozialistischen Welt. Sie dürfen nicht schon im Entstehen eingeschüchtert werden. . . .
In der Skala des Menschlichen, der Erfüllung der menschlichen Werte, muß der Sozialismus den Menschen das Höchstmögliche sichern (in diesem Sinn sind auch wir nicht da auszulöschen, sondern zu erfüllen). Und im Leben wie im Kunstwerk sind wir da, das Erreichte klarzumachen und zu sichern, das Erreichte, das aus Arbeit, überwundenen Zweifeln, Selbstüberwindung und Widersprüchen entsteht, ja aus der Lösung immer neuer Konflikte.
Es ist falsch, ein Hehl zu machen aus unseren Mängeln. Unsere immer noch unerfüllten Wünsche zu verschweigen, zu verschleiern, was noch nicht erreicht wurde. Es gibt aber auch keinen Grund, seine Freude zu verstecken über etwas, was gelungen ist. Oder zu verschweigen, was Kurt Stern sagte auf unserer Vietnam-Veranstaltung, daß unser Staat und unsere Partei uns erzogen haben zum Internationalismus, zur Solidarität. Darzustellen, was es bei uns gibt, indem 120 Jahre Arbeiterbewegung in die Wirklichkeit umgesetzt werden, und zugleich indem

wir abstreifen, was uns eine Last bedeutet auf dem nächsten steilen Weg — zu der Last gehören aber auch Besserwissen und Unwissenheit —, darin liegt ein Teil unserer Aufgabe.

Man kann sagen, daß alle Menschen in diesem Land durch ihre Arbeit darstellen, wer wir sind. Und die Arbeit des Schriftstellers kommt aus der Gesellschaft und wirkt auf die Gesellschaft zurück wie jede andere. Wenn er sie aber durchführt, seine Arbeit, dann ist der Schriftsteller auf besondere Weise allein, allein mit seiner Aufgabe und seinen Fähigkeiten.

Als Simonow[3] hier war, zum erstenmal nach dem Krieg, ich glaube, noch in den vierziger Jahren, war das Thema seines Vortrags, wenn ich mich richtig erinnere, „Über die Abhängigkeit und Verantwortung des Schriftstellers". An seiner Feststellung hat sich nichts verändert. Ja, der Schriftsteller ist gesellschaftlich abhängig wie jeder arbeitende Mensch. Und zugleich, wenn er schließlich die Folge zieht und schreibt, hat er eine Verantwortung, die ihm keiner abnehmen kann.

Es lohnt sich, wie man sagt, geradezustehen für diese Verantwortung, mag sie auch noch soviel Schwierigkeiten, Enttäuschungen, Diskussionen und Arbeit mit sich bringen. Sie ist groß, aber auch folgenschwer und deshalb schön. Sie heißt: Wirkung auf Menschen.

Die Schriftsteller und die öffentlichen Organe, insbesondere Partei und Ministerium für Kultur 6

Der Staatsratsvorsitzende Walter Ulbricht eröffnete am 14. Januar 1971 eine „Ideenberatung mit Schriftstellern und bildenden Künstlern" mit folgenden Ausführungen:

1. Es ist notwendig, daß sich die Verbände der Schriftsteller und Künstler gründlich mit der Einschätzung der Lage und der Entwicklung der Literatur und Kunst der DDR, mit der sozialistischen Literatur der Sowjetunion und des sozialistischen Weltsystems sowie mit den Problemen des Kampfes gegen den Imperialismus beschäftigen.

2. Es ist bei diesem Tempo der Entwicklung eine systematische Information der Schriftsteller und Künstler über die neu entstandenen und auftauchenden Probleme notwendig, vor allem durch die Verbände, aber auch durch die Organe des Ministeriums für Kultur.

3. Es ist erforderlich, das Leben und Schaffen der Schriftsteller und Künstler in der sozialistischen Gemeinschaft durch alle Organe, die Möglichkeiten dazu haben, zu unterstützen, damit sich die Schriftsteller

---

[3] Sowjetischer Schriftsteller, schrieb u. a. den Stalingrad-Roman „Tage und Nächte" (1944), der ins Deutsche übersetzt wurde.

und Künstler mit den Erfahrungen über die neuen Probleme der Entwicklung des sozialistischen Lebens vertraut machen können und immer besser instand gesetzt werden, auch selbst an der Gemeinschaftsarbeit teilzunehmen.

4. Erforderlich ist die Förderung der Bildung der Schriftsteller und Künstler, besonders die Entwicklung ihres ethischen Bewußtseins. Mögen Sie selber die Frage beantworten, welches Bildungsniveau Sie als Schriftsteller und Künstler in dieser Zeit brauchen.

5. Es ist notwendig, daß die Schriftsteller und Künstler durch Parteiorgane, durch den Schriftstellerverband und vor allem durch die Mitarbeiter des Apparates des Ministeriums für Kultur systematisch beraten werden. Diese geduldige und helfende Beratung beziehen wir auch auf die Verlage und eine hochqualifizierte Literaturkritik. Wir sind uns voll bewußt, daß in diesem Zeitabschnitt solch komplizierte Erscheinungen auftreten, daß die Entwicklung nicht nach Schema F betrachtet werden kann. Nicht die Formen und Methoden der Schriftsteller und Künstler sind für uns in erster Linie Gegenstand der Diskussion. Jetzt kommt es auf die Höhe des sozialistischen Bewußtseins der Schriftsteller und Künstler an, auf ihre Bildung, auf ihre wertvollen literarischen und künstlerischen Leistungen im Sinne des sozialistischen Realismus. Dabei ist es notwendig, den sozialistischen Realismus nicht schematisch aufzufassen. Wir alle müssen gemeinsam davon ausgehen, daß sich in der Periode, da sich der Sozialismus auf seinen eigenen Grundlagen entwickelt, die Fortschritte und Konflikte in den Beziehungen der Menschen, des gesamten gesellschaftlichen Seins anders darstellen, als das in früheren Perioden, vor allem im Kapitalismus oder zu Beginn der Übergangsperiode, der Fall war. Das erfordert die tiefe Einbeziehung der Probleme der sozialistischen Ethik und der humanistischen Lebensweise.

6. Es ist notwendig, die ganze Weite der Gegenwartsthematik zu erfassen. Wenn ich vorhin über die wissenschaftlich-technische Revolution sprach, so soll das niemanden dazu verleiten zu glauben, daß sich die Schriftsteller nun auf technische Probleme stürzen sollen. *Es gilt vielmehr, alle Probleme des Lebens der Menschen, der zwischenmenschlichen, des gesellschaftlichen Seins künstlerisch zu gestalten.* Es ist notwendig, daß unsere Literatur und Kunst auf *die Entwicklung der Revolutionäre unserer Zeit einwirkt*, auf die zahlreichen Helden, die sich auf den verschiedenen Gebieten unseres Lebens auszeichnen.

7. Sehr wichtig ist die Entwicklung des literarischen und künstlerischen Nachwuchses. Dazu möchte ich jetzt keine konkreten Anregungen geben, da ich weiß, daß Sie sich selbst damit beschäftigen und es zweckmäßiger ist, Ihre Anregungen dazu zu hören.

Das waren einige grundsätzliche Bemerkungen, die ich unserer Ideen-beratung vorausschicken wollte. *Es geht um die Meisterung der Probleme des entwickelten gesellschaftlichen Systems des Sozialismus auf allen Gebieten,* von der Politik, von der Wissenschaft bis zur Literatur und Kunst, zur sozialistischen Lebensweise usw. Das Problem ist klar: Wie können unter diesen Bedingungen die Aufgaben der Schriftsteller und Künstler am besten gefördert und gelöst werden, um ein möglichst hohes Niveau an Erlebniskraft und sozialistischer Wirkung auf die Menschen zu erreichen?

Wenn ein Autor außerhalb der DDR veröffentlichen möchte   7
(Brief Reiner Kunzes an einen westdeutschen Verleger)

Der Verleger Dieter Hülsmanns bat 1971 Reiner Kunze um einen Beitrag zu einer für 1972 geplanten Anthologie mit dem Titel „Schaden spenden", an der etwa hundert deutschsprachige Autoren teilnehmen sollten; Reiner Kunze sagte ab, nicht freiwillig, wie der Brief, in dem er seine Absage erläuterte, klar macht:

Greiz, den 27. April 1971

Lieber Herr Hülsmanns,

gern hätte ich etwas für Ihre Anthologie geschrieben, aber der Staat hat Mittel, einem Autor die Beteiligung an Anthologien abzugewöhnen.

Zuerst erläßt der Staat ein Gesetz[4], in dem verfügt wird, daß jede Vergabe von urheberrechtlichen Nutzungsbefugnissen nach jenseits seiner Grenzen genehmigungspflichtig ist, und er gründet eine Institution, durch die er die Genehmigung erteilen oder verweigern lassen kann. Wendet sich dann ein Autor an diese Institution und bittet um Genehmigung, sich an einer Anthologie beteiligen zu dürfen, erhält er beispielsweise vier Wochen lang keine Antwort. Dann wird ihm mitgeteilt, daß man, bevor man überhaupt zur Bearbeitung des betreffenden Vertragsentwurfs kommen könne, das Verzeichnis aller an der Anthologie beteiligten Autoren benötige. Der Autor schreibt dem Verlag, der Verlag schickt dem Autor das Verzeichnis (Laufzeit eines Eileinschreibens von Frankfurt am Main nach Thüringen bis zu drei Wochen, vorausgesetzt, daß es nicht verlorengeht), und der Autor sendet das Verzeichnis an die Institution. Daraufhin fordert die Institution das Manuskript des Beitrags an, den der Autor für die Anthologie geschrieben hat. Der Autor reicht es ein, worauf ihm mitgeteilt wird, die Überprüfung des

---

[4] Seit 1966 gibt es dieses Gesetz, das Autoren verpflichtet, Veröffentlichungen außerhalb der DDR durch das „Büro für Urheberrechte" genehmigen zu lassen.

Vertragsentwurfs habe ergeben, daß eine Genehmigung nicht erteilt werden kann. Inzwischen sind vier Monate vergangen, die Anthologie mit dem Beitrag ist im Druck, und der Autor steht vor der Entscheidung, den Vertrag ohne Genehmigung zu unterschreiben oder die Maschinen anhalten zu lassen. Er unterschreibt, vertrauend auf die Verfassung eines Staates, die keine Zensur vorsieht und das Recht auf freie und öffentliche Meinungsäußerung garantiert. Der Staat aber, den der Autor selbst unterrichtet und bei dem er, alle Vorschriften beachtend, seinen Devisenanspruch gegenüber dem Verlag anmeldet, eröffnet gegen den Autor ein Verfahren und verurteilt ihn zur höchstmöglichen Geldstrafe, die unter Umständen das Dreißigfache des Honorars betragen kann, das der Autor für seinen Beitrag erhält.

Beteiligt sich der Gemaßregelte weiterhin an Anthologien usw., obwohl ihm die Genehmigung verweigert wird und er Strafe zahlen muß, läßt man ihn eines Tages wissen, daß er ab sofort auch nicht mehr als Übersetzer publizieren darf, und man kündigt ihm die bereits abgeschlossenen Verträge. Die betreffenden Verlage schreiben ihm fast gleichzeitig Briefe, in denen es heißt: „Wir bedauern, Ihnen heute mitteilen zu müssen, daß unser ... ohne Ihre Nachdichtungen erscheinen wird. Zu dieser Entscheidung haben uns die von Ihnen ... veröffentlichten Gedichte veranlaßt, die uns zeigen, daß Sie mit den von unserem Verlag verfolgten kulturpolitischen Zielen nicht mehr übereinstimmen." Oder es heißt: „Gedichte von Ihnen, veröffentlicht in ..., belehren mich, ... daß Ihnen an einer weiteren Zusammenarbeit mit uns unter bedingten Voraussetzungen nichts mehr liegt ... Wir teilen Ihnen hierdurch mit, daß wir Ihre Nachdichtungen der Werke von ... nicht publizieren werden."

Ich bitte Sie also um Verständnis, wenn ich für Ihre Anthologie keinen Beitrag schreiben kann, und ich danke Ihnen für Ihre freundliche Einladung.

Lieber Herr Hülsmanns, Sie können sich sicherlich vorstellen, daß der Staat noch andere Mittel besitzt, einem Autor die Beteiligung an Anthologien abzugewöhnen, und so möchte ich es bei den angeführten Beispielen belassen.

Mit schönen Grüßen   Ihr *Reiner Kunze*

Marxistische Literaturauffassung in der DDR

> Die marxistisch-leninistische Ästhetik hat von Anbeginn keinen
> Zweifel darüber gelassen, daß sozialistische Parteilichkeit
> letztlich das „Verschmelzen" mit dem Parteistandpunkt
> bedeutet.[1]

Karl Marx zur Basis-Überbau-Theorie   8

Karl Marx hat in dem Vorwort „Zur Kritik der politischen Ökonomie" (1859)
programmatisch die Basis-Überbau-Theorie formuliert, die den Ausgangspunkt der
marxistischen Literaturauffassung bildet:

In der gesellschaftlichen Produktion ihres Lebens gehen die Menschen
bestimmte, notwendige, von ihrem Willen unabhängige Verhältnisse
ein, Produktionsverhältnisse, die einer bestimmten Entwicklungsstufe
ihrer materiellen Produktivkräfte entsprechen. Die Gesamtheit dieser
Produktionsverhältnisse bildet die ökonomische Struktur der Gesellschaft, die reale Basis, worauf sich ein juristischer und politischer Überbau erhebt, und welcher bestimmte gesellschaftliche Bewußtseinsformen
entsprechen. Die Produktionsweise des materiellen Lebens bedingt den
sozialen, politischen und geistigen Lebensprozeß überhaupt. Es ist
nicht das Bewußtsein der Menschen, das ihr Sein, sondern umgekehrt
ihr gesellschaftliches Sein, das ihr Bewußtsein bestimmt. Auf einer
gewissen Stufe ihrer Entwicklung geraten die materiellen Produktivkräfte der Gesellschaft in Widerspruch mit den vorhandenen Produktionsverhältnissen oder, was nur ein juristischer Ausdruck dafür ist,
mit den Eigentumsverhältnissen, innerhalb deren sie sich bisher bewegt
hatten. Aus Entwicklungsformen der Produktivkräfte schlagen diese
Verhältnisse in Fesseln derselben um. Es tritt dann eine Epoche sozialer
Revolution ein. Mit der Veränderung der ökonomischen Grundlage
wälzt sich der ganze ungeheure Überbau langsamer oder rascher um.
In der Betrachtung solcher Umwälzungen muß man stets unterscheiden
zwischen der materiellen, naturwissenschaftlich treu zu konstatierenden
Umwälzung in den ökonomischen Produktionsbedingungen und den
juristischen, politischen, religiösen, künstlerischen oder philosophischen,
kurz, ideologischen Formen, worin sich die Menschen dieses Konflikts
bewußt werden und ihn ausfechten. Sowenig man das, was ein Individuum ist, nach dem beurteilt, was es sich selbst dünkt, ebensowenig
kann man eine solche Umwälzungsepoche aus ihrem Bewußtsein be-

---

[1] Aus: Sozialistischer Realismus. Positionen, Probleme, Perspektiven. Hrsg. von
Prof. Dr. Erwin Pracht und Dr. Werner Neubert, Dietz-Verlag, Berlin (Ost) 1970,
S. 252.

urteilen, sondern muß vielmehr dies Bewußtsein aus den Widersprüchen des materiellen Lebens, aus dem vorhandenen Konflikt zwischen gesellschaftlichen Produktivkräften und Produktionsverhältnissen erklären.

Friedrich Engels zur Frage der „Tendenz in der Literatur" und zum Begriff „Realismus" 9

Friedrich Engels hat in Briefen an Verfasserinnen sozialkritischer Romane zu zwei literaturtheoretischen Fragen Stellung genommen, zur „Tendenz in der Literatur" und zum Begriff „Realismus". Seine Auffassung dazu hat die Theorie des Sozialistischen Realismus entscheidend mitbestimmt, vor allem in der Forderung nach „Treue des Details" und nach „getreuer Wiedergabe typischer Charaktere unter typischen Umständen".

An Minna Kautsky[2] in Wien; London, 26. November 1885

Ich bin keineswegs Gegner der Tendenzpoesie als solcher. Der Vater der Tragödie, Äschylus, und der Vater der Komödie, Aristophanes, waren beide starke Tendenzpoeten, nicht minder Dante und Cervantes, und es ist das Beste an Schillers „*Kabale und Liebe*", daß sie das erste deutsche politische Tendenzdrama ist. Die modernen Russen und Norweger, die ausgezeichnete Romane liefern, sind alle Tendenzdichter. Aber ich meine, die Tendenz muß aus der Situation und Handlung selbst hervorspringen, ohne daß ausdrücklich darauf hingewiesen wird, und der Dichter ist nicht genötigt, die geschichtliche zukünftige Lösung der gesellschaftlichen Konflikte, die er schildert, dem Leser an die Hand zu geben. Dazu kommt, daß sich unter unsern Verhältnissen der Roman vorwiegend an Leser aus bürgerlichen, aber nicht zu uns direkt gehörenden Kreisen wendet, und da erfüllt auch der sozialistische Tendenzroman, nach meiner Ansicht, vollständig seinen Beruf, wenn er durch treue Schilderung der wirklichen Verhältnisse die darüber herrschenden konventionellen Illusionen zerreißt, den Optimismus der bürgerlichen Welt erschüttert, den Zweifel an der ewigen Gültigkeit des Bestehenden unvermeidlich macht, auch ohne selbst direkt eine Lösung zu bieten, ja, unter Umständen, ohne selbst Partei ostensibel zu ergreifen.

Ihr F. Engels

---

[2] Populäre sozialdemokratische Schriftstellerin (1837—1912), Verfasserin verschiedener sozialer Romane und Novellen, die z. T. von Marx und Engels gerühmt wurden.

An Miss Harkness[3], April 1888

Wenn ich etwas zu kritisieren habe, so ist es dies, daß die Erzählung vielleicht doch nicht realistisch genug ist. Realismus bedeutet, meines Erachtens, außer der Treue des Details die getreue Wiedergabe typischer Charaktere unter typischen Umständen. Nun sind Ihre Charaktere typisch genug, soweit sie geschildert werden; aber die Umstände, die sie umgeben und sie handeln lassen, sind es vielleicht nicht in gleichem Maße. In dem „*City girl*"[4] figuriert die Arbeiterklasse als eine passive Masse, die unfähig ist, sich zu helfen, und nicht einmal einen Versuch macht, danach zu streben, sich zu helfen. Alle Versuche, sie aus ihrem stumpfen Elend herauszuziehen, kommen von außen, von oben. War nun dies eine zutreffende Schilderung um 1800 oder 1810 in den Tagen Saint-Simons und Robert Owens, so kann sie als solche nicht im Jahre 1887 einem Manne erscheinen, der fast 50 Jahre lang die Ehre gehabt hat, an den meisten Kämpfen des streitbaren Proletariats teilzunehmen. Die rebellische Auflehnung der Arbeiterklasse gegen das Milieu der Unterdrückung, das sie umgibt, ihre Versuche — konvulsivisch, halbbewußt oder bewußt —, ihre Stellung als menschliche Wesen wiederzuerlangen, gehören der Geschichte an und müssen darum auf einen Platz im Bereich des Realismus Anspruch erheben.

Ich bin weit davon entfernt, darin einen Fehler zu sehen, daß Sie nicht einen waschechten sozialistischen Roman geschrieben haben, einen Tendenzroman, wie wir Deutschen es nennen, um die sozialen und politischen Anschauungen des Autors zu verherrlichen. Das habe ich keineswegs gemeint. Je mehr die Ansichten des Autors verborgen bleiben, desto besser für das Kunstwerk.

Erste verbindliche Definition des sozialistischen Realismus   10

Der sozialistische Realismus ist auf dem ersten Unionskongreß der Sowjetschriftsteller 1934 in Moskau definiert worden. Andrej Shdanow, „Chefideologe" Stalins, trug die verbindliche Definition „mit flammenden bolschewistischen Grüßen" vor:

1. „Die bürgerliche Literatur befindet sich heute in einem solchen Zustand, daß sie keine großen Werke mehr schaffen kann. Der Verfall und die Zersetzung der bürgerlichen Literatur, die aus dem Verfall und der Fäulnis des kapitalistischen Systems herrühren, sind ein charakteristischer Zug, eine charakteristische Besonderheit des Zustands der bürger-

---

[3] Englische Schriftstellerin des ausgehenden 19. Jahrhunderts, Verfasserin von Romanen, die sich mit der Situation der englischen Arbeiterklasse befaßten.

[4] Diesen sozialkritischen Roman der Harkness hielt Engels für so nützlich für die sozialistische Propaganda, daß er seine Übersetzung ins Deutsche empfahl.

lichen Kultur ... Für den Verfall und die Fäulnis der bürgerlichen Kultur sind das Schwelgen im Mystizismus, in der Frömmelei und die Leidenschaft für Pornographie charakteristisch. Die ‚angesehenen Leute‘ der bürgerlichen Literatur, die ihre Feder dem Kapital verkauft hat, sind heute Diebe, Detektive, Dirnen und Gauner."

2. „Die Haupthelden der literarischen Werke sind in unserem Land die aktiven Erbauer des neuen Lebens: Arbeiter und Arbeiterinnen, Kollektivbauern und Kollektivbäuerinnen, Parteifunktionäre, Wirtschaftler, Ingenieure, Komsomolzen und Pioniere. Das sind die Grundtypen und die Haupthelden unserer Sowjetliteratur. Unsere Literatur ist erfüllt von Enthusiasmus und Heldentum. Sie ist optimistisch ..."

3. „Genosse Stalin hat unsere Schriftsteller die Ingenieure der menschlichen Seele genannt. Was heißt das? Welche Verpflichtungen legt Ihnen dieser Name auf? Das heißt erstens, das Leben kennen, um es in den künstlerischen Werken wahrheitsgetreu darstellen zu können, nicht scholastisch, nicht tot, nicht einfach als ‚objektive Wirklichkeit‘, sondern als die Wirklichkeit in ihrer revolutionären Entwicklung. Dabei muß die wahrheitsgetreue und historisch konkrete künstlerische Darstellung mit der Aufgabe verbunden werden, die werktätigen Menschen im Geiste des Sozialismus umzuformen und zu erziehen. Das ist die Methode, die wir in der schönen Literatur und in der Literaturkritik als die Methode des sozialistischen Realismus bezeichnen. Unsere Sowjetliteratur fürchtet sich nicht vor dem Vorwurf, tendenziös zu sein."

4. „Für unsere Literatur, die mit beiden Beinen auf festem materialistischen Boden steht, kann es keine lebensfremde Romantik geben, sondern nur eine Romantik von neuem Typus, eine revolutionäre Romantik. Wir sagen daß der sozialistische Realismus die grundlegende Methode der sowjetischen schönen Literatur und der Literaturkritik ist; aber das setzt voraus, daß die revolutionäre Romantik als integrierender Bestandteil in das literarische Schaffen eingeht, denn das ganze Leben unserer Partei, das ganze Leben der Arbeiterklasse und ihr Kampf besteht in der Verbindung der härtesten, nüchternsten praktischen Arbeit mit dem höchsten Heroismus und mit grandiosen Perspektiven."

5. „Den Schriftstellern stehen die verschiedenartigsten Mittel zur Verfügung. Die Sowjetliteratur hat alle Möglichkeiten, diese Mittel (Genres, Stile, Formen und Methoden des literarischen Schaffens) in ihrer Mannigfaltigkeit und Fülle anzuwenden und das Beste, was von allen vorangegangenen Epochen auf diesem Gebiet geschaffen wurde, auszuwählen. Von diesem Standpunkt aus ist die Beherrschung der literarischen Technik, die kritische Aneignung des literarischen Erbes aller Epochen eine Aufgabe, ohne deren Lösung Sie nicht Ingenieure der menschlichen Seele werden können."

Bitterfelder Weg: Die Bezeichnung B. ist von den Bitterfelder Konferenzen abgeleitet, auf denen W. Ulbricht Grundaufgaben der Entwicklung der sozialistischen deutschen Nationalkultur behandelte. Die 1. Bitterfelder Konferenz fand am 24. 4. 1959 als Autorenkonferenz des Mitteldeutschen Verlages Halle (Saale) statt. Sie stand unter der Losung „Greif zur Feder, Kumpel, die sozialistische deutsche Nationalkultur braucht dich!". Die 2. Bitterfelder Konferenz wurde am 24./25. 4. 1964 von der Ideologischen Kommission beim Politbüro des ZK der SED und dem Ministerium für Kultur veranstaltet. Beide fanden im Kulturpalast des Elektrochemischen Kombinats Bitterfeld statt. In diesem Betrieb arbeitet die Brigade „Nikolai Mamai", die die Kollektive der Werktätigen mit der Losung „Sozialistisch arbeiten, sozialistisch lernen, sozialistisch leben" zum Wettbewerb um den Titel „Brigade der sozialistischen Arbeit" aufrief. „Der Bitterfelder Weg ist und bleibt das Programm der Vereinigung von Kunst und Leben, von Künstler und Volk und der werdenden sozialistischen Gesellschaft. Er gibt die Gewähr dafür, daß der sozialistische Realismus weiterhin die der Entwicklung unserer Kultur angemessene künstlerische Methode bleibt." (W. Ulbricht) Der B. in der DDR hat die Herausbildung solcher Beziehungen der Kunstschaffenden zu der sich entwickelnden sozialistischen Wirklichkeit zum Inhalt, die dem Fortschritt der sozialistisch-realistischen Kunst optimal förderlich sind. Er gilt der Herausbildung, Befriedigung und stetigen Erweiterung sozialistischer Kulturbedürfnisse der Arbeiterklasse und der werktätigen Massen. Er zielt auf die bewußte Beherrschung und Nutzung der hauptsächlichen Gesetzmäßigkeiten und Triebkräfte der künstlerisch-kulturellen Entwicklung auf sozialistischen Grundlagen durch ein ganzes System künstlerischer, kulturpolitischer, ideologischer, wissenschaftlicher und auch ökonomischer Aktivitäten in der kulturpolitischen Arbeit der SED, der sozialistischen Staatsmacht, der gesellschaftlichen Organisationen, Betriebe und Genossenschaften. Der B. wurde im Zusammenhang mit der Vorbereitung des Sieges der sozialistischen Produktionsverhältnisse in der DDR beschritten. Die Herausarbeitung seiner grundlegenden Momente und Prinzipien auf der 1. Bitterfelder Konferenz bedeutete eine weite Voraussicht, die sich bei der Gestaltung der dem Sozialismus eigenen Kultur und kulturvollen Lebensweise der Werktätigen voll bewährt. „Ohne die Erstürmung der Höhen der Kultur kann die Arbeiterklasse ihre großen Aufgaben, den Sozialismus zum Sieg zu führen, nur schwer erfüllen", betonte W. Ulbricht 1959. Der B. wurde zum Weg vielfältiger Initiativen von Kollektiven der Arbeiter und Genossenschaftsbauern, sich die Schätze der Kunst anzueignen, höhere kulturelle Bildung (→ *Kulturniveau*) zu erwerben, insbesondere die Erfüllung von → *Kultur- und Bildungsplänen* zum Bestandteil des sozialistischen Wettbewerbs zu machen und selbst künstlerisch-schöpferisch tätig zu sein. Das hat prinzipielle Bedeutung für die allseitige Höherentwicklung aller schöpferischen Fähigkeiten, Kräfte und Talente des werktätigen Volkes und die Herausbildung einer kulturellen sozialistischen → *Lebensweise*. Die Bewegungen schreibender (bzw. anderweitig künstlerisch-schöpferisch tätiger) Arbeiter, Junge Talente, die Bildung von Arbeitertheatern usw. wurden zum unmittelbaren Ausdruck und Erfolg des B. Das volkskünstlerische Schaffen in seiner Gesamtheit erlebte einen bedeutenden Aufschwung, der auf verschiedensten Gebieten beachtliche Kunstleistungen zeigte.

Was *sozialistischer Realismus* ist, sollte nicht einfach vorhandenen Werken oder Darstellungsweisen abgelesen werden. Das Kriterium sollte nicht sein, ob ein Werk oder eine Darstellung andern Werken oder Darstellungen gleicht, die dem sozialistischen Realismus zugezählt werden, sondern ob es sozialistisch und realistisch ist.

1
Realistische Kunst ist kämpferische Kunst. Sie bekämpft falsche Anschauungen der Realität und Impulse, welche den realen Interessen der Menschheit widerstreiten. Sie ermöglicht richtige Anschauungen und stärkt produktive Impulse.

2
Realistische Künstler betonen das Sinnenmäßige, „Irdische", im großen Sinn Typische (historisch Bedeutsame).

3
Realistische Künstler betonen das Moment des *Werdens und Vergehens*. Sie denken in allen ihren Werken historisch.

4
Realistische Künstler stellen die *Widersprüche* in den Menschen und ihren Verhältnissen zueinander dar und zeigen die Bedingungen, unter denen sie sich entwickeln.

5
Realistische Künstler sind interessiert an den *Veränderungen* in Menschen und Verhältnissen, an den stetigen und an den sprunghaften, in welche die stetigen übergehen.

6
Realistische Künstler stellen die Macht der Ideen dar und die materielle Grundlage der Ideen.

7
Die sozialistisch-realistischen Künstler sind human, das heißt menschenfreundlich, und stellen die Verhältnisse zwischen den Menschen so dar, daß die sozialistischen Impulse erstarken. Sie erstarken durch praktikable Einsichten in das gesellschaftliche Getriebe und dadurch, daß sie — die Impulse — zu Genüssen werden.

8
Die sozialistisch-realistischen Künstler haben nicht nur eine realistische Einstellung zu ihren Themen, sondern auch zu ihrem Publikum.

9
Die sozialistisch-realistischen Künstler berücksichtigen Bildungsgrad und Klassenzugehörigkeit ihres Publikums sowie den Stand der Klassenkämpfe.

10
Die sozialistisch-realistischen Künstler behandeln die Realität vom Standpunkt der werktätigen Bevölkerung und der mit ihr verbündeten Intellektuellen, die für den Sozialismus sind.

Georg Lukács
Über sozialistischen Realismus   **13**

Der marxistische Literaturwissenschaftler Georg Lukács (1885—1971) hat zur Kunsttheorie des sozialistischen Realismus wichtige Beiträge geliefert. Er hat die parteikonforme Literatur in kommunistischen Ländern negativ bewertet, da sie vor allem dazu diene, Beschlüsse der Partei zu propagieren und praktische Anweisungen und Hilfen zu ihrer Realisierung zu geben. „Illustrierend" nennt er diese Art von Literatur, wie sie in der Stalinzeit, aber auch danach und auch in der DDR anzutreffen war und noch ist; ihre „sozialistische Parteilichkeit" bewertete er lediglich als „formelle Parteigemäßheit".

Am Beispiel Solschenizyns zeigt sich die gegensätzliche Auffassung vom sozialistischen Realismus, wie sie einerseits in der literarischen Theorie und Praxis der DDR vorherrscht und andererseits von Georg Lukács vertreten wird. Während der Schriftstellerverband der DDR Solschenizyn in den Bann getan hat und sich 1970 öffentlich gegen die Verleihung des Nobelpreises an ihn aussprach, sieht Lukács in Solschenizyns Werken eine Renaissance großer Erzählliteratur, die Ausdruck des sozialistischen Realismus ist.

Aus der Erklärung des Schriftstellerverbandes der DDR vom 28. Oktober 1970 zur Verleihung des Nobelpreises an Alexander Solschenizyn:

Wenn wir unseren guten Willen sehr bemühen, können wir die diesjährige Entscheidung der Schwedischen Akademie einen groben Irrtum nennen; was dann immer noch bleibt, ist die Wirkung ihres Schrittes: er hat einer weitgespannten antisowjetischen und antisozialistischen Kampagne Anschub gegeben; der Entspannung — und damit auch der Literatur, denn die eine gedeiht durch die andere — wurde ein übler Dienst erwiesen.

Wir möchten alle, die es angeht, wissen lassen: die Mitglieder des Deutschen Schriftstellerverbandes wissen sich in uneingeschränkter Solidarität und Freundschaft mit ihren Kollegen und Genossen des Sowjetischen Verbandes. Sie werden gemeinsam mit ihnen alle Angriffe auf den Sozialismus und seine Literatur zurückweisen; sie werden immer gemeinsam mit ihnen kämpfen, für den Sozialismus, für den Frieden, für die Literatur.

Georg Lukács über Probleme des sozialistischen Realismus, insbesondere im Blick auf Solschenizyn:

Das zentrale Problem des sozialistischen Realismus ist heute die kritische Aufarbeitung der Stalinzeit. Natürlich ist dies die Hauptaufgabe der gesamten sozialistischen Ideologie. Hier werde ich mich auf das Gebiet der Literatur beschränken. Will der sozialistische Realismus, der infolge der Stalinschen Periode auch in den sozialistischen Ländern zuweilen zum verächtlichen Schimpfwort geworden ist, die Höhe wiederfinden, die er in den zwanziger Jahren einnahm, so muß er wieder seinen Weg finden, den Menschen der Gegenwart real zu gestalten. Dieser Weg führt aber notwendig durch eine wahrheitsgetreue Schilderung der Stalinschen Jahrzehnte mit all ihren Unmenschlichkeiten. Die sektiererischen Bürokraten erheben dagegen den Einwand: man soll nicht in der Vergangenheit wühlen, sondern nur die Gegenwart darstellen. Das Vergangene sei vergangen, bereits völlig überwunden, aus dem Heute verschwunden. Eine solche Behauptung ist nicht nur unwahr — wie sie aufgestellt wird, zeigt die noch immer höchst einflußreiche Gegenwart der Stalinschen Kulturbürokratie an — sie ist auch vollkommen unsinnig.

. . . . . .

Würde diese (bürokratische Auffassung) tatsächlich zum Maßstab der Literatur, so würden wir einer geradlinigen Fortführung der „illustrierenden Literatur" der Stalinzeit gegenüberstehen. Diese war eine grobe Manipulation der Gegenwart: sie entstand nicht aus der Dialektik der Vergangenheit und der realen Zielsetzungen, Aktionen wirklicher Menschen, sondern war stets durch die jeweiligen Beschlüsse des Apparats dem Inhalt und der Form nach bestimmt. Da die „illustrierende Literatur" nicht aus dem Leben erwuchs, sondern aus der Kommentierung von Beschlüssen entstand, mußten und konnten die hierzu konstruierten Marionetten keine Vergangenheit haben wie wirkliche Menschen. Sie hatten statt dessen bloß „Kaderblätter" (Personality tests), die je nachdem ausgefüllt wurden, ob man sie als „positive Helden" oder als „Schädlinge" betrachtet sehen wollte.

. . . . . .

Wenn sich die sozialistische Literatur wieder auf sich selbst besinnt, wenn sie wieder künstlerische Verantwortung gegenüber den großen Problemen ihrer Gegenwart empfindet, können mächtige Kräfte entfesselt werden, die in die Richtung einer aktuellen sozialistischen Literatur drängen. In diesem Umwandlungs- und Erneuerungsprozeß, der dem sozialistischen Realismus gegenüber einen scharfen Richtungswandel bedeutet, kommt der Erzählung Solschenizyns[5] die Rolle eines Marksteins auf dem Weg zur Zukunft zu.

(1964)

Nach dem Erscheinen von Solschenizyns Romanen „Krebsstation" und „Der erste Kreis der Hölle" sagte Georg Lukács:
Bei aller fundierten Anerkennung für Solschenizyns Novellen als einen bedeutenden Schritt in der Erneuerung der großen Traditionen des sozialistischen Realismus der zwanziger Jahre habe ich seinerzeit vorsichtig die Frage offengelassen, ob er selbst die Wiedergeburt des sozialistischen Realismus und seinen neuen Aufstieg zu weltliterarischer Bedeutung verwirklichen werde. Ich kann jetzt mit Freude feststellen, daß ich viel zu vorsichtig war: die beiden soeben erschienenen Romane stellen einen vorläufigen Gipfelpunkt in der gegenwärtigen Weltliteratur dar.

. . . . . .

Es kann nicht eindringlich genug hervorgehoben werden: echte Literatur ist nicht dazu da, konkrete Rezepte für die jeweilige Tagespraxis auszuarbeiten oder zu propagieren; freilich auch nicht, um nirgends wirklich vorhandene, von den großen gesellschaftlichen Fragen angeblich unabhängige unmittelbar privat-persönliche, partikulare Lebensäußerungen zum alleinigen Gegenstand der Gestaltung zu machen. Die große Literatur aller Zeiten, von Homer bis heute, hat sich letzten Endes damit „begnügt", zu zeigen, wie ein gegebener Gesellschaftszustand, eine Entwicklungsetappe, eine Entwicklungstendenz auf die Richtungen des Menschseins, des Menschwerdens, auf die zur Entmenschlichung, zur Entfremdung des Menschen von sich selbst einwirken.

. . . . . .

In dieser Hinsicht tritt Solschenizyn nicht nur das Erbe der besten Tendenzen der Anfänge des sozialistischen Realismus an, sondern auch das gewaltige Erbe der großen Literatur, vor allem das von Tolstoi und Dostojewski.

---

[5] „Ein Tag im Leben des Iwan Denissowitsch".

Sabine Brandt
Zur Bewertung der Methode des
sozialistischen Realismus   14a

Der Sozialistische Realismus, der durch einen Beschluß des Zentralkomitees der SED im Mai 1951 zum verbindlichen Schaffensprinzip erklärt wurde, ist keine ästhetische, sondern eine politische Kategorie.
Vom Künstler wird nicht die Widerspiegelung der Welt, sondern ihre
Interpretation im Sinne der Parteipolitik erwartet. Die Partei entscheidet,
ob und warum ein Werk dem Sozialistischen Realismus zuzuordnen ist,
und ihre Kriterien wechseln mit der Linie ihrer Politik. Seit Bestehen der
DDR sind viele formal verschiedene und inhaltlich entgegengesetzte
Arbeiten unter den Begriff des Sozialistischen Realismus subsumiert
worden. [. . .]
Die neue kommunistische Literatur, die nach der Gründung der DDR
entstand, setzte die Tradition der großen Alten nicht fort, sondern orien-
tierte sich am Sozialistischen Realismus stalinistischer Prägung. Die
Romane und Erzählungen spielten entweder in einem Industriebetrieb
oder in der Landwirtschaft und waren sämtlich nach dem gleichen Schema
gebaut. Stets ging es um den Gegensatz zwischen Arbeitern respektive
Bauern mit entwickeltem politischem Bewußtsein, die sich mit Leib und
Seele dem Aufbau der volkseigenen Wirtschaft verschrieben hatten, und
den rückständigen Elementen, die sich vornehmlich um ihre Lohntüten
sorgten. Auch Liebes- und Ehekonflikte, soweit Liebe in den neuen
Büchern überhaupt vorkam, entzündeten sich an der unterschiedlichen
Einstellung der Partner zum Aufbauwerk. Agenten aus dem Westen
betrieben im Auftrag enteigneter Industriebarone und Gutsbesitzer
politische Wühlarbeit in den Werkhallen und Bauernstuben, und überall
gab es die positive Figur des Parteisekretärs, der mit Weisheit und Güte
die Schwierigkeiten überwinden half. Diese Literatur, in großen Auf-
lagen verbreitet, füllte die Regale der Betriebsbüchereien, wurde den
Aktivisten als Prämie überreicht und hatte zur Folge, daß das Publikum
in der DDR in nie dagewesenem Ausmaß seinen Lesehunger an den
Werken der klassischen Literatur zu stillen begann.

Peter V. Zima
Der Mythos der Monosemie.
Parteilichkeit und künstlerischer Standpunkt   **14b**

Den marxistisch-leninistischen Definitionen der künstlerischen Parteilichkeit liegen vier Prinzipien zugrunde:

1. Parteilichkeit des Künstlers und seines Werkes wird unmittelbar mit
der Parteipolitik in Beziehung gesetzt: „Sozialistische Parteilichkeit ist
nicht schlechthin Verteidigung einer Zielvorstellung vom Sozialismus,
eines Sozialismus-Ideals, sondern sie ist die Verteidigung und Bejahung
des konkreten Weges zum vollentfalteten Sozialismus, wie er von der
marxistisch-leninistischen Partei entworfen und vom ganzen Volk beschritten wird."

2. Im Unterschied zur künstlerischen Tendenz, die für den kritischen
Realismus humanistischer Schriftsteller, wie Weerth[6] oder Herwegh[6],
charakteristisch ist und die sich auf ein allgemeines Plädoyer für die Unterdrückten und eine bessere Welt beschränkt, besteht der sozialistische
Realismus des DIAMATS[7] darauf, daß das Kunstwerk den Parteistand-
punkt verkündet: „Sozialistische Tendenz und sozialistische Parteilichkeit sind also nicht identisch. Der Tendenzbegriff enthält aufgrund seiner geschichtlichen Entwicklung noch nicht den Grundsatz der konse-
quenten, allseitigen Parteiverbundenheit. Er dient in der Theorie des
sozialistischen Realismus heute ausschließlich zur Kennzeichnung der
vorleninschen Etappe des Parteilichkeitsbegriffes."

3. Von parteilicher Kunst wird ferner erwartet, daß sie der Staatsräson
dient: „So gehört heute zu den Kriterien sozialistischer Parteilichkeit,
inwieweit der Künstler diesen Staat und die ihn tragenden gesellschaftlichen Kräfte durch sein Werk aktiv unterstützt." Hegel, der Liebhaber
antiker Kunstwerke, war in diesem Punkt diskreter: Statt konsequent
von der Kunst zu fordern, sie sollte optimistisch zur Apotheose des
preußischen Staates beitragen, dispensierte er sie von solch schmach-
vollem Dienst durch die bekannte Feststellung, die Gegenwart sei
„ihrem allgemeinen Zustand nach der Kunst nicht günstig".

4. Parteilichkeit und wahrheitsgetreue Wiedergabe der gesellschaftlichen Verhältnisse im Sinne des sozialistischen Realismus sind aufs eng-
ste miteinander verknüpft: „Lenins Ausarbeitung des Prinzips der so-

---

[6] Georg Weerth (1822—1856) und Georg Herwegh (1817—1875) gehören zu den
Schriftstellern des „deutschen Vormärz"; diese wandten sich nach dem Ende des
Biedermeier sehr entschieden sozialen und politischen Themen vor der März-
revolution 1848 zu.
[7] Abkürzung für Dialektischer Materialismus.

zialistischen Parteilichkeit", schreibt Hans Koch[8], „bedeutet die Entdeckung jenes grundlegenden methodischen Prinzips, das eine wahrheitstreue, historisch adäquate Darstellung der revolutionären Prozesse in der kapitalistischen Gesellschaft und der Gesamtwirklichkeit der sozialistischen Gesellschaft überhaupt erst möglich macht." Als methodischer Grundsatz ist die Parteilichkeit daher eine ästhetische Kategorie. Allgemeiner formulieren diesen Gedanken E. Pracht[8] und W. Neubert[8] in ihrer Diskussionsgrundlage *Zu aktuellen Grundfragen des sozialistischen Realismus in der DDR* (März 1966): „Die Parteilichkeit in der Literatur ist eine ästhetische Kategorie."

Helmut Sakowski, Kandidat des ZK, Schriftsteller: Wir sind bei der Partei in die Lehre gegangen   15

In diesen Tagen, auf dem VIII. Parteitag, stecken wir nun die nächste Etappe des gemeinsamen Weges ab. Und wie jeder Schriftsteller freue ich mich natürlich besonders über die guten, anregenden und auch anspornenden Worte, die der Genosse Honecker für den Bericht des ZK gefunden hat, als er über die Entwicklung der Literatur sprach.

Wir mußten vieles lernen, und wir sind bei der Arbeiterklasse und ihrer Partei in die Lehre gegangen. Wir haben gelernt, daß sich die humanistischen Ideen des Sozialismus kämpferisch durchsetzen müssen, daß man die Welt nur verändern kann, wenn man an der Seite von Gleichgesinnten für die Macht der Arbeiterklasse streitet, und als Genossen der SED haben wir gelernt, daß Genosse sein bedeutet, Verantwortung für das Ganze zu übernehmen.

Als eine Mannschaft sozialistischer Schriftsteller müssen wir alle uns verstehen. Nun schließt aber eine gemeinsame Grundhaltung und der unverbrüchlich sichere feste Boden, auf dem wir stehen, nicht aus, daß wir Meinungsverschiedenheiten haben. Manchmal wird uns eine gewisse Eigenwilligkeit oder Eigensinnigkeit nachgesagt. Das mag stimmen, und vielleicht gehört das sogar zu unserem Beruf. Unser Verband ist kein Verein von braven Ordensbrüdern, und wer streitbare Literatur schreiben soll, dem muß auch mal ein kräftiges Wort in der Diskussion gestattet sein, ohne daß da jemand gleich aus allen Wolken fällt.

Wir müssen uns streiten, und wir sind im Bericht des ZK an den VIII. Parteitag zum offenherzigen, sachlichen und schöpferischen Meinungsstreit ausdrücklich aufgefordert. Es geht um sozialistische Literatur, um unsere eigene Sache — und es geht um höhere Anforderungen, die an jeden von uns gestellt sind. Qualität wird überall verlangt. Auch von

---

[8] Literaturwissenschaftler in der DDR.

der Kunst. Wir dürfen niemals übersehen, daß durch die jahrelange geduldige Erziehungsarbeit der Partei die Kunstansprüche der Arbeiterklasse, der Bauern, daß die Kunstansprüche des ganzen Volkes enorm gewachsen sind und daß diese Ansprüche konkreter geworden sind. Wer das bezweifeln will, der kennt sich nicht aus in der Sache.

Ich rede der Vielfalt sozialistischer Literatur das Wort, der Qualität, der Unterhaltsamkeit, den gewachsenen Ansprüchen der Arbeiterklasse, des ganzen Volkes, die wir befriedigen müssen mit Geschichten von heute und gestern, mit großen und kleinen Geschichten, mit lustigen oder traurigen, mit den verschiedenartigsten Geschichten, die nur eins gemeinsam zu haben brauchen: einen klaren, eindeutigen parteilichen Standpunkt, den ihre Dichter einnehmen. (Beifall)

Erich Honecker
Keine Tabus mehr in Kunst und Literatur   **16**
Schlußwort Erich Honeckers auf der 4. Tagung des ZK der SED
Dezember 1971

... Besondere Beachtung widmen wir auch den Gedanken, die von zahlreichen Schriftstellern und Künstlern in ihren Verbänden und deren Parteiorganisationen sowie im „Neuen Deutschland" nach dem VIII. Parteitag dargelegt wurden. Wenn man von der festen Position des Sozialismus ausgeht, kann es meines Erachtens auf dem Gebiet von Kunst und Literatur keine Tabus geben. Das betrifft sowohl die Fragen der inhaltlichen Gestaltung als auch des Stils — kurz gesagt: die Fragen dessen, was man die künstlerische Meisterschaft nennt.

... Künstlerische Meisterschaft zu erlangen, erfordert in erster Linie Klarheit über die Rolle der Kunst in den geistigen Auseinandersetzungen der Gegenwart — von der Position des Sozialismus und des unerbittlichen ideologischen Klassenkampfes mit dem Imperialismus. Die Erhöhung des kulturellen Lebensniveaus des Volkes verlangt vor allem, der wachsenden geistigen Überlegenheit des DDR-Bürgers zu entsprechen und damit alle reaktionären Auffassungen, die der Gegner bei uns einzuschleusen trachtet, unwirksam zu machen.

Die Mehrheit der Künstler unserer Republik ist sich der hohen Verantwortung für ihr Schaffen sehr wohl bewußt. Durch ihr politisches Bekenntnis zur Arbeiter-und-Bauern-Macht haben das so hervorragende Vertreter der künstlerischen Intelligenz wie Anna Seghers, Fritz Cremer, Paul Dessau, Helmut Baierl, Hermann Kant, Ernst Hermann Meyer, Erik Neutsch, Helmut Sakowski, Ekkehard Schall, Peter Schreier,

Bernhard Seeger, Erwin Strittmatter, Manfred Wekwerth, Benito Wogatzki, Konrad Wolf und viele andere in der DDR mit ihren Worten anläßlich der Volkswahlen erneut und eindeutig bekräftigt.

Kurt Hager
Grundfragen der Ideologie und Kultur   17

Die unveräußerlichen Grundlagen der sozialistischen Kunst sind ein fester sozialdemokratischer Standpunkt, Parteilichkeit und Volksverbundenheit. Sie kennzeichnen den sozialistischen Realismus, der eine große Spannweite, eine große Vielfalt künstlerischer Werke, Themen und Stile, Formen und Gestaltungsweisen umfaßt.
Der sozialistische Realismus hat nicht nur eine Handschrift, eine Ausdrucksform. Deshalb sprechen wir von einer reichen und vielgestaltigen Kunst. Jeder, der sich auf dem Boden des Sozialismus, der sozialistischen Parteilichkeit befindet, hat hier seinen Platz und seine Aufgabe. Der Sozialismus braucht eine Kunst, die fest in der sozialistischen Wirklichkeit gegründet ist und die auf Entdeckungsfahrt in diese Wirklichkeit auszieht. Realistische Kunst kommt aus dem Leben und wirkt auf das Leben. Diese Grundsätze des sozialistischen realistischen Kunstschaffens bestimmen die Tätigkeit der großen Mehrheit der Künstler der DDR.
Eine der wichtigsten Aufgaben unserer sozialistischen realistischen Kunst ist und bleibt die künstlerische Darstellung der aktiven Erbauer des Sozialismus, vor allem der Arbeiter. Das Ringen um die Gestaltung von Arbeitern ist und bleibt ein geistiges und ästhetisches Kernstück des weiteren künstlerischen Fortschritts. Ist es doch die Arbeiterklasse als führende Klasse der sozialistischen Gesellschaft, die durch die Entwicklung aller ihrer Verhältnisse, ihrer praktischen und geistigen Lebenstätigkeit den Gegenstand der Kunst wesentlich prägt.
Mit Recht sind viele Werktätige unzufrieden über simplifizierende und verflachende Gestaltungen, über manchmal recht äußerliche Darstellungen arbeitender Menschen. Es geht doch um das tiefe und konkrete Erfassen der gesellschafts- und geschichtsbildenden Kraft der Arbeiterklasse, wie sie in unserer Gesellschaft und im weltrevolutionären Prozeß wirkt, um das Aufdecken jener Stellung, Ideen, Ideale und Eigenschaften der Klasse, die sie zur gesellschaftlichen Führung berufen. Wir ermuntern die Künstler, sich stärker der Sphäre der Arbeit und des sozialistischen Verhältnisses zur Arbeit zu widmen und sie als kunstwürdigen Gegenstand zu erschließen. Das ist nicht leicht. Die tiefen Veränderungen im Charakter der Arbeit, die sich aus der Verbindung von Sozialis-

mus und wissenschaftlich-technischem Fortschritt ergeben, verlangen schöpferisches Suchen nach neuen realistischen Gestaltungen, dem unsere volle Unterstützung und Ermutigung gilt.

Aber wenn wir davon sprechen, daß die Erbauer des Sozialismus, vor allem die Arbeiter, ein zentraler künstlerischer Gegenstand sind, so kann das niemals heißen, daß sie der einzige Gegenstand sind. Es wäre eine Verarmung unserer Kunst und Literatur, wenn sie nur die Darstellung von Arbeitern oder Arbeitskollektiven als Gegenstand nehmen würde. Die sozialistische Kunst umfaßt alle Seiten, das Historiengemälde und das Landschaftsgemälde, das Liebesgedicht und das politische Lied, eine Aufführung des „Faust" und ein Gegenwartsstück usw. Der sozialistische Realismus ist eine geschichtlich junge Kunst, die erst im Begriff ist, den ganzen Reichtum ihrer gestalterischen Möglichkeiten herauszuarbeiten und zu erproben.

Die Betonung der Weite und Vielfalt aller Möglichkeiten des sozialistischen Realismus schließt zugleich jede Konzession an bürgerliche Ideologien und Kunstauffassungen aus. Auch die revisionistische Position des „Realismus ohne Ufer"[9] findet hier keinen Platz.

Auf diesen Grundlagen wachsen die gesellschaftlichen Anforderungen an die Künstler, an ihre schöpferische Befähigung, Entdecker neuer Wirklichkeiten zu sein, zu neuen Lebenstatsachen, Lebensbereichen, zu neuen Stoffen vorzudringen. An die künstlerische Qualität der Werke werden strenge Maßstäbe angelegt.

Mit der wachsenden Rolle der Kunst und Literatur in unserem gesellschaftlichen Leben erhöht sich auch die Verantwortung der Organisationen der Schriftsteller und Künstler, ihrer Verbände. Dieser Verantwortung werden die Verbände am besten gerecht, wenn sie die Verbandsmitglieder durch mannigfaltige Initiativen zu neuen, höheren künstlerischen Leistungen anregen. Begrüßenswert sind die Bemühungen der Verbände um die Erhöhung des ideologisch-theoretischen und fachlichen Niveaus ihrer Mitglieder, was die Auseinandersetzung mit dem Revisionismus und allen Spielarten der imperialistischen Ideologie einschließt. Die Förderung der Begegnungen und enger Verbindungen der Künstler mit der Arbeiterklasse und anderen Werktätigen, mit ihrer Arbeit, ihrem Leben ist zu einem wichtigen Bestandteil des Verbandslebens geworden. Dies wirkt sich positiv auf das schöpferische Klima, auf das künstlerische Schaffen selbst aus. Damit werden zugleich auch die Interessen der Künstler durch ihre Verbände am besten wahrgenommen.

---

[9] Gemeint ist ein liberaler Realismus („rialisme sans rivages"), den französische Schriftsteller wie Roger Garaudy als Voraussetzung sozialistischer Kunst fordern.

Sozialistisches Bewußtsein

Manche sagen: Auf die Dauer ist der Sozialismus gar nicht
vermeidbar
Gut. Aber wer setzt ihn durch?[1]   *Wolf Biermann*

Walter Stranka
Hymne an die Republik   **18**

Oktobertag[2], du Wandrer durch die Räume,
an tausend grauen Nebeln selbst ergraut,
bestaune nur die Werke und die Träume
der jungen Republik, die wir erbaut.

Wir schufen sie mit unsern Schwielenhänden
im Trommelfeuer alter Barbarei,
berufen, das Karthago abzuwenden
und brüderlich ins Glück zu gehn dabei.

Sie war uns gut vom allerersten Tage
und ließ dem Räuber kaum die Galgenfrist.
Sie gab uns Wissen, nahm uns Not und Plage
und hat ein Herz für den, der tüchtig ist.

Sie schickt, was wir geschaffen, auf die Reise
und bringt uns, was wir brauchen, mit nach Haus.
Und wer zurückbleibt, den ermahnt sie weise
und stellt ihm die Signale auf voraus.

Sie sorgt sich um die Mädchen und die Buben
und hat die Liebe von der Angst befreit
und hat gern Gäste in den neuen Stuben
und hat für Feinde auch die Faust bereit.

Dem Lande Lenins ist sie fest verbündet,
sie hält mit ihm in allen Stürmen stand.
und überall, wo ihre Stimme mündet,
erweckt sie neue Hoffnung für das Land.

---

[1] Aus: Frage und Antwort und Frage. In: Mit Marx- und Engelszungen. Gedichte
Balladen Lieder. Quartheft 31. Verlag Klaus Wagenbach, Berlin (West) 1968, S. 18.
[2] Gemeint ist die Oktoberrevolution in Rußland 1917.

Es schlägt ihr Herz in allen deutschen Gassen.
Die Flur der Zukunft wird von ihr bestellt.
Wer sie verläßt, der ist fürwahr verlassen,
und mächtig ist, wer sich zu ihr gesellt.

Oktobertag, du Wandrer durch die Räume,
an tausend grauen Nebeln selbst ergraut,
bestaune nur die Werke und die Träume
der jungen Republik, die wir erbaut.

Hanns Cibulka
Karl Marx   19

Du hast in meinem Leben
die finsteren Waldungen gerodet,
törichte Menschen,
die noch immer nicht wissen,
woher du kommst, wohin du gehst.

Wissend geworden an der Arbeit,
immer dem Irdischen nahe,
der Erde,
rufst du die Völker
bei ihrem eigenen Namen.

Und hacken auch die Krähen
Tag und Nacht an deinem Himmel,
du bist „die Umkehr aller Herzen
und die Erhebung aller Hände
für die Ehre des freien Menschen!"

In deinem Feuer
brennt meine Einsamkeit
zu Asche.

Genossen,
laßt uns im Dornenbusch der Zeit
das Herz der Liebe pflücken,
alle Sterne sind herabgestiegen
und die Himmel brennen!

Heinz Kahlau
Alle Sätze

Bilde alle Sätze mit wir.
Auch in den Wüsten,
auch in den Träumen, —
auch in den Finsternissen.
Alle Sätze
bilde mit WIR.

Für Heiterkeit

Überall,
wo die Porträts der Klassiker
des Marxismus
gezeigt werden,
macht es mich traurig,
daß sie so ernst
auf uns schaun.
Ist nicht,
was wir in ihrem Namen erfüllen —
von allen Menschenwerken
das heiterste?

Unser Ziel ist doch:
Freundlichkeit.
War Engels ein Sauertopf?
Warum zwinkert uns Lenin,
der listige Denker,
nicht aufmunternd zu?
Wo ist das Land,
auf dessen Erbauer
ein lachender Marx schaut?

Hasso Grabner
Eine Deutung des 17. Juni 1953

In der Erzählung „Monolog einer Brücke" schildert Grabner am Schicksal einiger Leute, so des jungen Schlossers Jürgen Meinhardt, die innere Entwicklung der DDR. Wie Jürgen Meinhardt und sein Werkleiter den 17. Juni 1953 erfahren und auffassen, der Werkleiter gemäß parteioffizieller Auslegung, wird in folgendem Ausschnitt deutlich:

Der Werkleiter hatte ihm schon mehrmals gesagt: Mein lieber Jürgen — erst denken, dann reden! Das erstemal vor einem Jahr, als die Leute verrückt spielten, durch die Straßen zogen, Kioske anzündeten und

„Freiheit" schrien[13]. Aus dem Betrieb waren keine dabei, aber im Betrieb schrien auch welche: Freiheit. Einer davon hieß Jürgen. Der Werkleiter hatte ihn an der Schlosserbluse gepackt und gefragt: Welche denn? Als Jürgen darauf nicht gleich zu antworten wußte, hatte ihm der Werkleiter eine Eselsbrücke gebaut: Freiheit zum Vorwärtskommen, ja? Das war zu bejahen gewesen. Vorwärtskommen! Wunderbar! In drei Jahren geht Schmiedgen in die Rente, da wird eine Meisterstelle frei. Wollen Sie die haben? hatte der Werkleiter gefragt. Jürgen hatte unsicher genickt.

Können Sie in drei Jahren, was Schmiedgen kann? Oder sollen wir Sie ohne Kenntnisse als Meister einsetzen, daß die Leute dann sagen können, Meister Meinhardt ist eine Pfeife.

Das war eine schwierige Frage, und der Werkleiter hatte hinzugefügt: So ist das mit der Freiheit des Vorwärtskommens. Die haben Sie unbeschränkt, solange Sie sich nicht einbilden, frei von den Kenntnissen sein zu können, die den Meister ausmachen. Von einem Ingenieurstudium will ich gar nicht reden. Das steht Ihnen auch frei. Bitte, entscheiden Sie sich. Da schien es Jürgen, als fiele bei ihm der Groschen. Er knurrte: Ach so, Chef! Nee, nee, darum geht's überhaupt nicht — mehr Lohn wollen wir haben . . . Der Werkleiter sah ihn nachdenklich an. Natürlich, antwortete er, ich wußte doch, daß wir uns irgendwie einigen können. — Aber — sagen Sie, es stimmt doch, daß Ihr Großvater einen Hof hatte? Jürgen war ein bißchen verblüfft gewesen, teils, weil das nicht zum Thema gehörte, teils, weil der Werkleiter das wußte. Aber es stimmte schon, Großvater war Bauer gewesen, gar nicht so winzig, fünfzig Morgen. Und da war er sein freier Mann, fuhr der Werkleiter fort, und er konnte sagen: Ich bin so frei und fress' das Saatgut auf. Nun war Jürgen ganze zwei Jahre alt gewesen, als Großvaters Gut unter den Hammer kam, aber sein Vater, Großvaters vierter Sohn, Paul Meinhardt, hatte noch genug bäuerliche Weisheiten in sein Brikettierdasein übernommen. Eine davon beschwor die Unantastbarkeit des Saatgutes. Da merkte Jürgen, daß der Groschen nur eine Spielmünze gewesen war, zu leicht, als daß unten die Freiheit herauspurzeln konnte. Das hätte ihn eigentlich zum Nachdenken bewegen müssen. Hat es auch, aber viel später. In diesem Augenblick versetzte es ihn nur in böse Wut. Er hatte geschrien: Die ganzen dreckigen Bonzen wollen wir loshaben. Gleich darauf hatte er sich die Wange halten müssen, die sehr schnell rot wurde, und bemerkte viel Zorn in den Augen

---

[13] Gemeint sind die Vorgänge des 17. Juni 1953, die als Demonstration Ostberliner Bauarbeiter gegen eine Normenerhöhung begannen und dann — sich über die ganze DDR ausbreitend — zu politischen Forderungen führten, z. B. nach freien Wahlen, freier Presse, Fortfall der innerdeutschen Grenze.

des Werkleiters. Ein bißchen kleinlaut hatte er gesagt: Ich habe Sie doch gar nicht gemeint, und der Werkleiter hatte geantwortet: Ich weiß, wegen mir hätte ich Ihnen auch keine Ohrfeige gegeben. Und das nächste Mal: Erst denken, dann reden.

Kurt Bartsch
Totensonntag   22

> *Am Sonntag ist meine tote Stadt Berlin*
> *Eine Stadt der Toten, die ihre Friedhöfe*
> *Gegen Mittag verlassen*
> *Um die Stadt mit Leben zu füllen.*

Otto J., Arbeiter und Kommunist, erhängte sich 1953, an einem Sonntag, in unserer/seiner Wohnung. Er hatte die Tür, an der er, an einer Wäscheleine, zwei Tage hing, von innen verschlossen. Wir riefen, nachdem wir ein Loch in die Tür gebohrt hatten und seinen Kopf sahen, die Volkspolizei. Die Volkspolizei rief die Feuerwehr. Die Feuerwehr brach die Tür auf und rief einen Leichenwagen. Der Leichenwagen brachte die Leiche ins Leichenschauhaus.

Otto J., Hilfsarbeiter vor und während des Krieges, hatte es nach 1945 zu einer, wie man ihm einzureden versuchte, Vertrauensstellung gebracht: er war Bote zwischen verschiedenen Ämtern und Ministerien, die von seinen ehemaligen Freunden/Genossen geleitet wurden. Er wußte bald, daß er nicht mehr dazugehörte: *Die Revolution ist* 1933 *im Blut ersoffen, jetzt ersäuft sie in Tinte,* sagte er voller Haß. Er, der eine mangelhafte Schulbildung hatte, verstand nicht, daß seine Fäuste, geschult in den Saalschlachten der frühen dreißiger Jahre, nicht mehr gebraucht würden. Seinen Kopf konnte/wollte er nicht gebrauchen. Er lehnte es ab, Lehrgänge Kurse Parteischulen zu besuchen. Er meldete sich freiwillig zum Bäumefällen. Als er hörte, daß aus dem Holz der Bäume Papier gemacht würde, verließ er umgehend den Wald.

1953, im Juni, als die Arbeiter auf die Straße gingen, um gegen die hohen Normen zu streiken, stand J., die Fäuste in den Taschen, zwischen Arbeitern und den hinter sowjetischen Panzern anrückenden Volkspolizisten. Er bekam die Steine der einen und die Knüppel der anderen ab. Er stand in der Mitte, blutend. Sein Platz, der auf beiden Seiten der Front war, blieb leer auf der einen, leer auf der anderen Seite.

Dann verließ er auch seine Mitte.

(Stichworte des Mot.-Schützen M.)

Erster Alarm Ende Juli. Drei Tage, dann abgebrochen. Urlaubssperre.
Begründet mit NATO-Manöver „Schwarzer Löwe" . . . Beim nächsten
Alarm schon Flinte und Munition auf dem Bett. Tarnkleidung. Mittags
Roter Treff. Jeden Tag aufladen, abladen . . . Erste Meldungen über
Buschfunk: Tschechische Filmtruppe hätte Film unter Beteiligung der
Bundeswehr drehen wollen, was die Bundeswehr zum Vorwand genommen hätte, in die Tschechoslowakei einzumarschieren. Unruhen
in Prag . . . Beim Roten Treff offiziell bestätigt. Linie: Weil wir damit
rechnen müssen, daß die Bundeswehr vor unserer Grenze nicht Halt
macht, müssen wir notfalls angreifen . . . Unser Radio — großer Super —
wird blockiert: nur noch Deutschlandsender und Radio DDR. Skala
wird mit Heftpflaster überklebt. Höhere Alarmstufe. 19. 8. Frühalarm.
Keine Roten Treffs mehr. 20. 8., drei Uhr dreißig, Antreten mit Sturm-
gepäck. Aushändigung von Truppenschutzmaske und Jumbo — Spitzname für Atomschutzplane. Wir hatten welche dabei, die hatten erst
acht Schuß abgegeben. Kurz noch einmal Einrücken — außer Offiziere
und Stabsfeldwebel —, dann los. Ohne Fahrtzielangabe. Und ohne Rast
durch. In P . . . Panzerregiment auf Tiefladern. Am 21. früh Aufklärung
auf dem Auto. Gedruckte Flugblätter: Hilferuf aus der Tschechoslowakei
an den Warschauer Pakt. Pflichterfüllung. Erste Bewährungsprobe.
Hinweis auf Eid. Über den Grund des Hilferufs kein Wort . . . Die meisten betrachteten das Ganze als Abwechslung. Einzige Sorge: Haupt-
sache, wir sind Oktober zurück. Betraf nur die EKs[4]: Im Oktober war
ihre Zeit um . . . Fahrt durch Nord- und Mittelböhmen. 30 km vor B.
Stop. Führerbunker. Fünf Zelte. Soldaten müssen sich Loch buddeln,
Zeltbahn drüber, fertig. Abstand Mannschaft-Offiziere sehr kraß. Noch.
Aber Stimmung normal. Kaum Dienst. Täglich zwei bis vier Stunden
Politunterricht. Argumentation unverändert: Einmarsch der Bundes-
wehr, NATO-Manöver „Schwarzer Löwe" im grenznahen Raum.
Lehrbandvorträge, zum Teil mit Lichtbildern. Brillanter Vortrag über
Beat mit Textanalyse von „Ich lege Feuer". Ich lege Feuer, das ist mein
Schicksal. Das Politische daran: Der Mensch denkt nicht weiter. Dazu
viel Beat. Außerdem Diskussion über die Beatles. Wieder mit viel
Musik. Massen beruhigt. Auch politisch. Die Unruhen in Prag seien von
Rowdys verursacht worden. Man sei Herr der Lage. Die militärische
Aktion richte sich nicht gegen das tschechische Volk . . . Nach außen

---

[4] EK = Entlassungskandidat.

völlig abgeschirmt. Keine Zeitungen. Ein einziges Mal ND. Post: nur offene Karten mit Feldpostnummer. Textmodelle vorgelegt: Macht euch keine Sorgen, mir geht's gut. Mit Hubschrauber nach Berlin. Dort gestempelt . . . Neben uns Polen, weißer Streifen am Helm. Neben den Polen Sowjets. Jeder in eigenem Lager . . . Plötzlich neueste Erkenntnisse über Hilferuf: Die Unruhen in Prag seien gegen Dubček gerichtet gewesen, und die Polizei hätte die Situation nicht mehr unter Kontrolle gehabt. Waffenfunde . . . Kraftfahrer bringt Story mit: Waffenbruder hat Armee-Eigentum gegen Alkohol eingetauscht. Standrechtlich erschossen . . . Panik. Roter Treff. Frage, wie das in einer sozialistischen Armee möglich ist . . . Drucksache verteilt: Was ist mein Vaterland? Kommentar zum Eid. Betonung der Ernsthaftigkeit des Eids. Wer ihn ablegt, unterstellt sich der Militärgerichtsbarkeit. Härteste Strafe, da Kriegsrecht . . . Erstmals wird bekannt, daß Kriegsrecht herrscht. Der Kupferbolzen stand uns so weit in der Hose! Angst ums nackte Leben. Jeder Schritt, jede Äußerung konnte Tod bedeuten. Zum Beispiel im Suff. Die Moral ist hin . . . Naßkaltes Wetter. Klamotten klamm, dreckig. Die EKs sehen schwarz: schon Mitte September! . . . Bis dahin normale Filme: DEFA[5], SU. Nichts Politisches, Unterhaltung. Jetzt Filme, um Stimmung hochzuputschen. Französisch-italienische Koproduktionen. „Tiger der sieben Meere", „Die drei Musketiere". Als das nicht mehr zieht — Sex. Schwedische Filme mit englischen Untertiteln. Für uns Stummfilme. Aber Fleisch. Einer hieß „Schwarzer Kies". Ein englischer, glaube ich. Frau mitte dreißig, ziemlich wohlhabend, pickt sich einen von der Straße auf und nimmt ihn aus als Mann. Laugt ihn aus, macht ihn fertig. Dann stößt sie ihn zurück in sein asoziales Milieu. Nur Bettszenen. Mit Vor- und Nachspiel. Die Kämpfer haben geröhrt . . . allmählich — durch Kraftfahrer — sickert einiges von draußen durch: mißglückte Versuche, Kontakt zu Tschechen aufzunehmen. Großes Erwachen: „Ich denke, die haben uns gerufen?!" Jetzt ist klar, warum in Prag Sowjets stehen und nicht wir. Hätte Erinnerungen geweckt . . . Der Haufen demoralisiert zum Haufen. Jedes zweite Wort ist „Heimgang". Für Guten Tag, danke — Heimgang. Einzelne Offiziere fast kumpelhaft. Vor allem, wenn ein diensthabender Soldat nachts über geheizte Fahrzeugkabine verfügt . . . Schließlich wird bekanntgegeben, Dubček sei abgesetzt. Er hätte gegenüber dem Klassenfeind nicht die notwendige Härte aufgebracht . . . Von da an gab's für alles, was schiefging, nur noch die eine Redewendung: Dubčeks letzte Rache! — Sich mit dem Büchsenöffner geschnitten: Dubčeks letzte Rache! „Dritte Kompanie Kartoffeln schälen!": Dubčeks letzte Rache! Eine Frage

---

[5] Staatliche Filmgesellschaft der DDR.

provozierender als die andere. Keiner hat mehr Angst. Man hätte nur noch geschossen, um das eigene Leben zu verteidigen. Ich bin in dieser Zeit gereift wie in Jahren nicht! . . . Zuletzt: Alkohol. Offiziell Alkoholverbot. Jetzt täglich eine große Flasche Bier. Unter der Hand auch Schnaps. Je nachdem, wie man bei Kasse war. Da war immer welcher . . . Am 28. Oktober Rückfahrt. Auf unserer Seite in jedem größeren Ort Halt. Junge Pioniere. Halstücher. Tee. Bürgermeister. Betriebsdelegationen. Bilder. Geklebte Mappen. Schulklassen mit Wimpeln. Auf dem Marktplatz „Manöverball". Das einzige: FDJlerinnen. Endlich mal was zum Anfassen. Vier Tage — das Ganze. Die Soldaten — nur sauer reagiert. Ausgesehen wie die Schweine. Unterwäsche in zwei Monaten dreimal gewechselt. Gestunken. Aber Helden.

Christa Wolf
Sozialismus, realisierbares Angebot oder Utopie? 24

In dem Roman „Nachdenken über Christa T." sucht die Icherzählerin ihrer früh verstorbenen Freundin Christa T. gerecht zu werden, indem sie deren Leben überdenkt. In den Anfangsjahren der DDR haben die beiden zusammen studiert; die Entwicklung des Sozialismus, der „neuen Welt", war für sie eine zentrale Frage.

Denn die neue Welt, die wir unantastbar machen wollten, und sei es dadurch, daß wir uns wie irgendeinen Ziegelstein in ihr Fundament einmauerten — sie gab es wirklich. Es gibt sie, und nicht nur in unseren Köpfen, und damals fing sie für uns an. Was aber immer mit ihr geschah oder geschehen wird, es ist und bleibt unsere Sache. Unter den Tauschangeboten ist keines, nach dem auch nur den Kopf zu drehen sich lohnen würde . . .
Sie hat, jetzt spreche ich von Christa T., nichts inniger herbeigewünscht als unsere Welt, und sie hat genau die Art Phantasie gehabt, die man braucht, sie wirklich zu erfassen — denn was man auch sagen mag, mir graut vor der neuen Welt der Phantasielosen. Der Tatsachenmenschen. Der Hopp-Hopp-Menschen, so hat sie sie genannt. Und sich ihnen, in ihren finsteren Stunden, tief unterlegen gefühlt. Auch wohl versucht, sich ihnen anzugleichen, einen Beruf angestrebt, der sie in die Öffentlichkeit geführt hätte: Sie hatte sich mit diesem Ziel selbst überrascht und überlistet. Und zur Raison gezwungen. Ihrem Hang zum Schauen, Träumen, Geschehenlassen eine Grenze gesetzt. Die schmerzhaft empfundene Schranke zwischen Denken und Tun beiseite geräumt. Alle Bedingungen gestrichen. *Wir müssen schon einiges dazu tun, um alle lebenswert zu leben. Man muß bereit sein, eine gewisse Verantwortung zu übernehmen. Allerdings* — das setzt sie sofort hinzu — *muß man sie glatt überschauen können und sie voll ausfüllen und darin nicht lasch sein* . . .

Sie hat an unseren Gesprächen teilgenommen, jenen herrlichen aus-
schweifenden nächtlichen Gesprächen über die Beschaffenheit des
Paradieses, an dessen Schwelle wir, meistens hungrig und Holzschuhe
an den Füßen, mit großer Gewißheit standen. Die Idee der Vollkommen-
heit hatte uns erfaßt, aus unseren Büchern und Broschüren war sie in
uns eingedrungen, und von den Podien der Versammlungen kam die
Ungeduld dazu: Wahrlich, ich sage dir, heute noch wirst du mit mir im
Paradiese sein! Oh, wir hatten das Vorgefühl davon, es war unleugbar
und unersetzbar, wir vergewisserten uns seiner, indem wir stritten:
Würde es mit Atomstrom beheizt sein, unser Paradies? Oder mit Gas?
Und würde es zwei Vorstufen haben oder mehr, und woran würden
wir es, wenn es endlich einträte, erkennen? Wer aber, wer würde würdig
sein, es zu bewohnen? Die Allerreinsten nur, das schien doch festzu-
stehen. Also unterwarfen wir uns erneut den Exerzitien, lächeln heute,
wenn wir uns gegenseitig daran erinnern. Werden noch einmal, für
Minuten, einander ähnlich, wie wir es damals durch diesen Glauben
jahrelang waren. Können uns heute noch an einem Wort, einer Losung
erkennen. Blinzeln uns zu. Das Paradies kann sich rar machen, das ist
so seine Art. Soll den Mund verziehen, wer will: Einmal im Leben,
zur rechten Zeit, sollte man an Unmögliches geglaubt haben.

Volker Braun
Fragen eines Arbeiters während der Revolution 25

So viele Berichte.
So wenig Fragen.
Die Zeitungen melden unsere Macht.
Wie viele von uns
Nur weil sie nichts zu melden hatten
Halten noch immer den Mund versteckt
Wie ein Schamteil?
Die Sender funken der Welt unsern Kurs.
Wie, an den laufenden Maschinen, bleibt
Uns eine Wahl zwischen zwei Hebeln? —
Auf den Plätzen stehn unsere Namen.
Steht jeder auf dem Platz
Die neuen Beschlüsse
Zu verfügen? Manche verfügen sich nur
In die Fabriken. Auf den Thronen sitzen
Unsre Leute: fragt ihr uns
Oft genug? Warum
Reden wir nicht immer?

Zwischen Wand- und Widersprüchen
machen sie es sich bequem.
Links ein Sofa, rechts ein Sofa,
in der Mitte ein Emblem.

Auf der Lippe ein paar Thesen,
Teppiche auch auf dem Klo.
Früher häufig Marx gelesen,
Aber jetzt auch so schon froh.

Denn das „Kapital" trägt Zinsen:
eignes Auto. Außen rot.
Einmal in der Woche Linsen.
Dafür Sekt zum Abendbrot.

Und sich noch betroffen fühlen
von Kritik und Ironie.
Immer eine Schippe ziehen,
doch zur Schippe greifen nie.

Immer glauben, nur nicht denken
und das Mäntelchen im Wind.
Wozu noch den Kopf verrenken,
wenn wir für den Frieden sind?

Brüder, seht die rote Fahne
hängt bei uns zur Küche raus.
Außen Sonne, innen Sahne —
nun sieht Marx wie Moritz aus.

der redner

als er ankündigte,
er werde zur Sache reden,
fragten sich viele:
weshalb nicht zu uns?

mut

„wenn ich meine eigene
meinung äußern darf",
begann er ungewohnt kraß,
„so hat schon Karl Marx gesagt, daß . . ."

kämpfer

fast hätte er sich beteiligt
an der revolution.

er fluchte schon.

Wolf Biermann
Gesang für meine Genossen 27

Jetzt singe ich für meine Genossen alle
das Lied von der verratenen Revolution
für meine verratenen Genossen singe ich
und ich singe für meine Genossen Verräter
Das große Lied vom Verrat singe ich
und das größere Lied von der Revolution
Und meine Gitarre stöhnt vor Scham
und meine Gitarre jauchzt vor Glück
und meine ungläubigen Lippen beten voller Inbrunst
zu MENSCH, dem Gott all meiner Gläubigkeit

Ich singe für meinen Genossen Dagobert Biermann[6]
der ein Rauch ward aus den Schornsteinen
der von Auschwitz stinkend auferstand
in die viel wechselnden Himmel dieser Erde
und dessen Asche ewig verstreut ist
über alle Meere und unter alle Völker
und der jeglichen Tag neu gemordet wird
und der jeglichen Tag neu aufersteht im Kampf
und der auferstanden ist mit seinen Genossen
in meinem rauchigen Gesang

Und ich singe für Eldridge Cleaver[7]
Genosse im Beton-Dschungel von San Francisco
wie er den Schwarzen schwarz auf weiß macht
daß der Feind nicht schwarz ist oder weiß, sondern
schwarz und weiß, das singe ich euch

---

[6] Vater Wolf Biermanns, jüdischer Kommunist, der 1943 in Auschwitz ermordet wurde.
[7] Einer der Führer der Black Panthers, geb. 1935, Präsidentschaftskandidat 1968. Wegen Diebstahls, Rauschgifthandels und Vergewaltigung 11 Jahre in kalifornischen Gefängnissen, von 1969 bis 1975 in Algerien im Exil, journalistisch und schriftstellerisch tätig.

wenn Eldridge seinen monumentalen Niggerarsch
über Washington auf das Weiße Haus pflanzt
Und wie die BLACK PANTHERS ausbrachen aus der Manege,
aus dem bürgerlichen Zirkus, Panik im Publikum
ich singe die Schweine, wie sie aus den Logen fliehn

Und ein Abgesang auf den Genossen Dubček
der jetzt auf dem türkischen Hund ist[8]
und der lieber hätte gehen sollen
den geraden Weg unter das Hackbeil
oder den krummen Weg unter die Panzer
oder hätte schwimmen sollen in seinem Volk
wie der berühmte Fisch des Genossen Mao
Und darum singe ich den heilsamen Hochmut
des Niedergeworfenen gegen alle Reaktion
gegen die Konterrevolution vom 21. August.

Ich schreie und schrei die Prosa von Viet-Nam
ich singe die Heuchelei, das exotische Mitleid
den politischen Schwulst von Frieden und Freiheit
Ich singe den schütteren Bart von Onkel Ho,
dem erspart blieb, diesen Krieg zu überleben
den er längst gewonnen hatte, diesen Krieg
der weitertobt in der Zelle von Muhamad Ali[9]
und der täglich verhöhnt wird im Spenden-Rummel
in der behördlich verordneten Solidarität
im Ablaßhandel mit den revolutionären Sünden

Und ich singe noch immer auch meine Liebe
zu meiner nacht — nächtlichen Jungfrau
zu meiner heiligen Genossin
die mich in die Schlacht führt und rettet
in der höheren Gerechtigkeit ihres Lächelns
die mir noch immer auch alle Wunden sanft
aus der Stirn küßte, die ich ihr schlug
ja, ich singe den Klassenkampf der Geschlechter
die Befreiung aus dem patriarchalischen Clinch
aus der Leibeigenschaft unserer Leiber

Und ich singe all meine Verwirrung
und alle Bitternis zwischen den Schlachten

---

[8] Dubček war nach seinem Sturz vorübergehend Botschafter der CSSR in der Türkei.
[9] Name des Boxers Cassius Clay als Angehöriger der Black Muslim-Sekte.

und ich verschweige dir nicht mein Schweigen
— ach, in wortreichen Nächten, wie oft verschwieg ich
meine jüdische Angst, von der ich behaupte
daß ich sie habe — und von der ich fürchte
daß einst sie mich haben wird, diese Angst
Und ich singe laut in den dunklen Menschenwald
und schlag mir den Takt mit meinen Knochen
auf dem singenden Bauch der Gitarre

Ich singe den Frieden mitten im Krieg
Aber ich singe auch Krieg in diesem
dreimal verfluchten mörderischen Frieden
der ein Frieden ist vom Friedhoffrieden
der ein Frieden ist hinter Drahtverhau
der ein Frieden ist unter dem Knüppel
Und darum singe ich den revolutionären Krieg
für meine dreimal verratenen Genossen
und noch auch für meine Genossen Verräter:
In ungebrochener Demut singe ich den Aufruhr

Wolf Biermann
Das Hölderlin-Lied

„So kam ich unter die Deutschen‘

In diesem Lande leben wir
wie Fremdlinge im eigenen Haus
    Die eigne Sprache, wie sie uns
    entgegenschlägt, verstehn wir nicht
    noch verstehen, was wir sagen
    die unsre Sprache sprechen
In diesem Lande leben wir wie Fremdlinge

In diesem Lande leben wir
wie Fremdlinge im eigenen Haus
    Durch die zugenagelten Fenster dringt nichts
    nicht wie gut das ist, wenn draußen regnet
    noch des Windes übertriebene Nachricht
    vom Sturm
In diesem Lande leben wir wie Fremdlinge

In diesem Lande leben wir
wie Fremdlinge im eigenen Haus
    Ausgebrannt sind die Öfen der Revolution
    früherer Feuer Asche liegt uns auf den Lippen
    kälter, immer kältre Kälten sinken in uns
Über uns ist hereingebrochen
                solcher Friede!
                  solcher Friede
Solcher Friede.

Günter Kunert
Traum von der Erneuerung 28

Einmal müßten im Fach ergraute
Stubenmaler den Himmel blau pinseln,
Und hustende Tapezierer sollten
Da und dort knittrige weiße Wölkchen
Auf die leuchtende Fläche kleben.

Eines Tages könnten Polsterer
Die Länder mit grünem Frühling,
Mit buntem Sommer beziehen
Und Straßenfeger und Schipper
Erde, Sand, steinige Vergangenheit
Zusammenkehren, daraus Gebirge zu häufen,
Zum Atmen und Spielen.
Gebirge,
Die das hungrige Fräulein Wollnäherin
Mit dickem Moos und weichem Schnee
Dann einstrickte.

Da würden auch die streikenden
Elektriker Strom geben
Zum Leuchten der Sonne, des matten
Mondes und der Zwölf-Volt-Sterne.

Wasser könnte,
Emporgepumpt von schwindsüchtigen
Kanalräumern,
Glänzende Ströme, Meere, vergnügt
Zwinkernde Seen und kindliche Teiche sein.

Zu Rädern und Gabeln,
Zu Angelhaken und Schreibfedern
Schmölzen dann die Gitter der Höllen
Die Gefangenen.

Einmal sollten die Straßenbahner
An den Äquator, über Längengrade
Und über Breitengrade ihre Schienen legen,
Um mit vollem Wagen Berge, Süden, Osten,
Weiden und Wälder, Westen und Norden
Klingend und singend
Zu durchfahren.

Eines Tages müßte die Menschheit,
Ihr Krankenbett verlassend,
Geheilt umhergehen.

Als unnötigen Luxus

Herzustellen verbot was die Leute
Lampen nennen
König Tharsos von Xantos der
Von Geburt
Blinde.

Im weiteren Fortgang

Durch Türen doch
hinter keiner das erbangte Daheim
endlich Geborgenheit
dauerhaftes Ausruhen
Freunde
nichts
dahinter als die alten Versprechen:
neue Türen.

Der Kompromiß

Eines Tages bringt man ihn nicht mehr zustande. Jahrelang hat man ihn
für die Basis allen Miteinanders gehalten und ihn eher als einen Ausgleich
angesehen, manchmal als einen unangenehmen, für den man jedoch
anderswo Äquivalente suchte und zu finden meinte: Für die Verweige-
rung öffentlicher Anerkennung wenigstens die Freiheit des Reisens.

Für die Freiheit des Reisens kein entschiedener Dissens. Und was der Balanceakte mehr waren . . .

Eines Tages aber verweigert das Bewußtsein seine Kompromißbereitschaft und stellt sich störrisch: Es ist nicht länger geneigt, eine Zensurmaßnahme hinzunehmen, etwa die Löschung einer Passage in einem Buch, eines Satzes oder auch nur eines einzigen Wortes, um dafür etwas einzutauschen, dessen Wert zweifelhaft ist: die Genehmigung zur Veröffentlichung. Es fragt sich nämlich nach dem Sinn aller vorhergehenden Kompromisse und erkennt, daß sie nichts anderes waren als Disziplinierung und Anpassung. Für die Reisemöglichkeiten hat es mit politischer Zurückhaltung gezahlt und merkt jetzt, wie schwer es ist, diese eingeübte Zurückhaltung aufzugeben. Die Kompromisse, mittels derer der Einzelne durchzukommen meint, sind gar keine, und während er noch glaubt, er habe nicht mehr als den kleinen Finger geopfert, sind bereits seine beiden Hände gefesselt, so daß er sie nie mehr wie vordem wird bewegen können.

Jurek Becker
Glaubensbekenntnis   29

Hauptfigur des Romans „Schlaflose Tage" ist der Lehrer Simrock. Er ist unsicher geworden, ob er seinen Schülern mit der geforderten „Parteilichkeit" gegenübertreten kann. Aus dem Schuldienst scheidet er aus; seine Ehe zerbricht. — Der Ausschnitt ist Teil einer Unterhaltung Simrocks mit seiner Freundin Antonia.

Einmal legte sie ungefragt eine Art Glaubensbekenntnis ab, daß Simrock die Haare zu Berge standen. Sie behauptete, vor Jahren schon gemerkt zu haben, daß Aufrichtigkeit hierzulande nur dann gefragt sei, wenn der Aufrichtige und die Vielzahl seiner Vorgesetzten übereinstimmten. Seither könne ihr Politik gestohlen bleiben. Auf dem besten Weg, sagte sie, eine Sozialistin aus dem Bilderbuch zu werden, sei diese Erkenntnis über sie gekommen, und seither habe sie sich alles, was mit Politik zu tun hat, möglichst vom Leib gehalten. In der Schule habe sie so überzeugend ihr Pensum heruntergelogen, daß es für die Universität reichte. Leider sei auch beim Studium der Physik, das sie fälschlicherweise für exakt gehalten habe, die Notwendigkeit zu Bekenntnissen übermächtig geworden. Ihre Tarnung sei drei Semester lang tadellos gewesen, dann habe eine Unvorsichtigkeit ihr wahres Wesen für Augenblicke durchscheinen lassen. Die Verantwortlichen hätten an dem hervorschauenden Zipfel gezurrt und gezerrt, bis sie unbeherrscht ihre Abneigung gegen die sterbenslangweiligen Lehrveranstaltungen eingestand, die nichts mit ihrer Physik zu tun hatten und die Lust auf das Wichtige zerfraßen. Noch während ihrer Klage habe sie gespürt, welchen entscheidenden Fehler sie gerade beging, doch die schadenfrohen Gesichter hätten sie so herausgefordert, daß sie nicht imstande gewesen sei aufzuhören. Eine Woche später habe man sie von der Universität gewiesen, obwohl, wie sie immer noch glaube, eine brauchbare Physikerin aus ihr geworden wäre. Mittlerweile sei Physik für sie ein Wort wie viele andere, sie habe sich ein Leben in der ihr größtmöglichen Unabhängigkeit einzurichten versucht. Vielleicht könne man es eine ihrer wenigen Überzeugungen nennen, daß die Menschen lernen müßten, einander in Ruhe zu lassen. Jedenfalls empfände sie diejenige Gesellschaft als die angenehmste, in der genügend Inseln der Abgeschiedenheit vorhanden seien, auch wenn man sie nicht zu betreten wünsche. Das Wissen um einen Ort, wohin niemand einen verfolgen könne, bedeute eine große Beruhigung, die man ihrer Meinung nach keinem Menschen verwehren dürfe. In der hiesigen Gesellschaft aber seien solche Inseln für gewöhnliche Sterbliche unerreichbar, und der tägliche Zwang des Miteinanderverkehren-Müssens sei die traurige Regel.

Simrock sagte: „Davon, wie Sozialismus um uns herum betrieben wird, sollte ein gescheiter Sozialist sich nicht abschrecken lassen."

Antonia sagte: „Ich bin nur ein gescheiter Mensch, denn man hat mich so erschreckt, daß mich die Sache nicht mehr interessiert. Ich sehe in meiner Interesselosigkeit die einzige Methode, mich zu schützen."

Sozialistische Arbeitswelt

> Einen Gehirntrust müssen wir aufbauen, in dem vom Arbeiter
> bis zum Professor aus dem Forschungsinstitut jeder — jeder! —
> mitarbeitet, in dem sich jeder einzelne jeden Tag, jede Stunde
> den Kopf zerbricht, wie man dies und das und jenes verbessern
> kann. Immer besser. Und noch besser.[1]

Heiner Müller
Der Aktivist Balke   30

Das Stück „Der Lohndrücker" spielt 1948/49, als die wirtschaftlichen Schwierigkeiten beim Aufbau der DDR noch groß waren. Die Geschichte des Ringofens,
der gerissen ist und während der Reparatur nicht stillgelegt wird, ist authentisch.
Die Belegschaft der Brennerei ist keineswegs sozialistisch in ihrer Haltung: neben
den Funktionären, die Phrasen im Munde führen, gibt es einige verantwortliche
Arbeiter, aber auch Indifferente, ehemalige Nazis und Saboteure. So steht der Aktivist Balke fast allein und wird als „Lohndrücker" und „Arbeiterverräter" bekämpft.
Gegner hat er auch unter den Ingenieuren. Aber er tut, was noch keiner getan hat:
er mauert bei 100 Grad Hitze den Ringofen, um Planausfall und finanziellen Verlust
für den Betrieb zu verhindern. Indem er sagt, daß eine „revolutionäre" Tat wie die
seine von jedem ausgeführt werden könne, verdeutlicht er die von der SED
propagierte Arbeitsmoral. Die Szenenfolge setzt ein, nachdem bereits ein Arbeiter,
Lerka, wegen Sabotage zu 8 Jahren Haft verurteilt worden ist; er hatte an dem
gerissenen Ofen so schlecht gearbeitet, daß der Schaden noch größer wurde.

Technisches Büro. Die Ingenieure Kant und Trakehner, der Direktor, Schorn[2],
Balke[3], Bittner[3]

DIREKTOR: Der Ofen 4 ist gerissen. Ich brauche Ihnen nicht zu erklären, was das heißt. Die zerbombten Öfen sind noch nicht wieder
aufgebaut, Material ist knapp. Wenn ein Ofen ausfällt, ist der Plan
ein Stück Papier.

TRAKEHNER: Das ist er mit und ohne Ofen 4.

DIREKTOR: Darüber läßt sich streiten. Sie haben sich den Ofen an-
gesehn. Eins ist klar: Er muß völlig umgebaut werden, mit Aus-

---

[1] Horst Kleineidam in dem Schauspiel „Von Riesen und Menschen". In: Sozialistische
Dramatik. Autoren der Deutsch. Dem. Rep. Nachwort von Karl Heinz Schmidt.
Henschelverlag, Ostberlin 1968, S. 594.
[2] Parteisekretär.
[3] Arbeiter im VEB ‚Roter Oktober'.

flicken ist nichts getan. Das heißt: Er fällt aus, vier Monate, so lange dauert der Umbau.

Es wird an der Tür geklopft.

FRÄULEIN MATZ: Entschuldigung. Der Zeitungsreporter ist hier. Er will zu Ihnen. Er sagt, er braucht was aus der Produktion, für die Sonntagsbeilage.

DIREKTOR: Sagen Sie ihm, er soll über Maikäfer schreiben. Das interessiert die Leute im Dezember. Ich kann ihn nicht gebrauchen. Jetzt nicht.

FRÄULEIN MATZ: *kichert, dann* Aber . . . *Auf einen Blick vom Direktor* Ja, Maikäfer. *Ab.*

DIREKTOR: Es ist üblich, den Ofen für die Zeit des Umbaus ganz stillzulegen. Es ist immer so gemacht worden. *Pause; trocknet sich den Schweiß ab.*

TRAKEHNER: Ich sehe keine andere Möglichkeit.

BITTNER: Richtig, es ist immer so gemacht worden.

Kant schweigt.

DIREKTOR: Wenn wir den Ofen stillegen, kommen wir in Teufels Küche. Da sind vor allem die Liefertermine.

TRAKEHNER: Ist es vorgekommen, daß sie eingehalten wurden?

DIREKTOR: Es ist vorgekommen. Jedenfalls, mit dem Ofen 4 steht und fällt der Produktionsplan. Stillegen ist ausgeschlossen.

TRAKEHNER: Schön und gut, aber nicht stillegen ist auch ausgeschlossen.

DIREKTOR: Das wollte ich fragen.

KANT: Sie wollen den Ofen bei Feuer umbauen?

DIREKTOR: Ja. Die Kammer, die in Arbeit ist, wird natürlich stillgelegt.

TRAKEHNER: Unfug.

BITTNER: Wenn das ginge, die Unternehmer hätten es gemacht.

TRAKEHNER: Preisfrage: Was fällt eher zusammen: Maurer oder Ofen?

KANT: Bei 100 Grad Hitze kann man vielleicht arbeiten. Die Frage ist: Kann man sauber arbeiten? Ich bezweifle das.

SCHORN: Das ist nicht nur eine Frage der Technik, des Materials.

TRAKEHNER: „. . . sondern eine Frage des Bewußtseins". Ich maße mir nicht an, Ihnen da hineinzureden, schließlich werden Sie dafür bezahlt. Aber hier handelt es sich um Tatsachen.

SCHORN: Die Arbeiterklasse schafft neue Tatsachen.

TRAKEHNER: Hut ab vor der Arbeiterklasse. Aber Ausbeutung ist keine neue Tatsache.

DIREKTOR: Der Maurer Balke hat sich bereit erklärt, den Ofen umzubauen, bei Feuer. Ich bin dafür, daß sein Vorschlag geprüft wird.

TRAKEHNER: Balke ist ein Wirrkopf.

SCHORN: Balke ist Maurer.

TRAKEHNER: Ich verstehe. Wenn der Maurer den Ofen macht, ist er ein Held. Wenn der Ofen reißt, sind wir die Saboteure.

Schorn lächelt.

BITTNER: Der Ofen wird reißen.

BALKE: Er ist gerissen.

BITTNER: Du denkst, du bist gerißner, was?

TRAKEHNER: Ich lehne die Verantwortung ab.

BALKE: Ich verlange, daß ich den Ofen machen kann.

Pause; Trakehner raucht sich eine Zigarre an.

DIREKTOR *sich den Schweiß abtrocknend:* Wir kommen in Teufels Küche.

TRAKEHNER: Denken Sie von mir, was Sie wollen. Ich habe immer meine Pflicht getan.

DIREKTOR: Mehr.

TRAKEHNER: Jawohl auch mehr. Aber daß ich meinen Ruf als Fachmann aufs Spiel setze, das geht zu weit. Das kann niemand von mir verlangen. *Pause.* Dieser Plan ist etwas für den Papierkorb, eine Utopie.

BALKE *zum Direktor:* Ich kann den Ofen auch ohne Ingenieur umbauen.

TRAKEHNER: Bitte. *Er steht auf.* Ich finde mein Brot überall. Ihren Sozialismus aufzubauen, ist kein Spaß. *Er drückt seine Zigarre aus.* Nicht einmal die Zigarren sind ein Spaß.

SCHORN: Sie haben recht.

TRAKEHNER: Wie?

SCHORN: Ich sage, Sie haben recht. Aber Balke kann den Ofen 4 nicht ohne Ingenieur machen.

Pause; Trakehner setzt sich und raucht die Zigarre wieder an.

KANT *zu Balke:* Haben Sie eine Kalkulation gemacht?

BALKE *reicht ihm die Papiere:* Ich hab's versucht.

Schweigen; Kant liest.

8b

Halle. Arbeiter. Der Direktor, Balke und Schurek[4] vor ihnen.

DIREKTOR: Eine große Sache haben wir vor. Das gibt ein Beispiel für die ganze Produktion. Damit können wir beweisen, was die Arbeiterklasse leisten kann. Es muß für euch eine Ehre sein, mitzumachen. *Pause.*

SCHUREK: Es ist eine Arbeit wie jede andere. Nur daß sie zum erstenmal gemacht wird.

EIN ARBEITER: Schnaps ist Schnaps, sagte der Budiker und schenkte Terpentin aus.

---

[4] Vorsitzender der Betriebsgewerkschaftsleitung (BGL).

KRÜGER[5]: Das ist Ausbeutung.

BALKE: Es geht um den Plan, Kollegen.

STIMME *aus dem Hintergrund:* Wir scheißen auf den Plan.

BALKE: Fragt sich, ob ihr was zu scheißen habt ohne den Plan.

Brillenträger[5] lacht meckernd, verstummt, als die andern nicht mitlachen.
Ich kann den Ofen nicht allein umbauen, aber wir brauchen ihn.
Schweigen.

DIREKTOR: Krüger, du sagst: Ausbeutung. Du bist dein Leben lang ausgebeutet worden. Jetzt ist dein Junge auf der Universität.

KRÜGER: Hab ich ihn auf die Universität geschickt? Ich war dagegen.
Schweigen.

BALKE: Es wird schwer sein, sehr heiß. Doppelter Verdienst, dreifache Arbeit.

EIN ARBEITER: Und acht Jahre, wenn was schiefgeht, wie bei Lerka.

BITTNER: Ich sage, das wird Murks.

BALKE: Ich weiß, was ich mache.
Pause.

KOLBE[5]: Ich hab in einem Panzer gesessen, bis fünfundvierzig. Das war auch kein Kühlschrank. Ich mache mit.

KRÜGER *tritt vor:* Wenn's sein muß.

8c

Hof. Stettiner[5], Geschke[5], dann Brillenträger, später Kolbe.

STETTINER: Brauchst du trockene Steine, Geschke? Am Ofen 4 liegt Vorrat.

GESCHKE: Die braucht Balke selber.

STETTINER: Eben.
Brillenträger, aus der Kantine kommend, bleibt stehen.
Mensch, wenn die den Ofen fertigkriegen, ist unser Lohn versaut bis 1980.
Kolbe kommt mit Balkes Essen aus der Kantine. Stettiner spricht laut.
Er schleppt ihm schon das Essen in den Ofen, dem Herrn Brigadier.
Der schont sich.

KOLBE: Wenn ich herauskriege, wer Balke die Jacke geklaut hat, daß er nicht in die Kantine kann, aus der Ofenhitze über den kalten Hof, ich weiß, was ich mache.

STETTINER: Die Menschen sind schlecht.
Kolbe ab.

GESCHKE: Hast du die Jacke?

STETTINER: Wenn du sie brauchst, dir geb ich sie billig, Geschke.
Geschke ab.

---

[5] Arbeiter.

66

BRILLENTRÄGER: Guter Stoff?

STETTINER: Reine Wolle. Fast neu.

8d

Am Ofen. Balke und Krüger. Sie sind erschöpft. Kolbe kommt mit Balkes Essen und Bier.

KOLBE *trinkt:* Gegen den Ofen war der Panzer ein Kühlschrank.

BALKE *essend:* Der Ofen ist kein Nazitank. Du kannst aussteigen.

Kolbe schweigt.

KRÜGER *zu Kolbe:* Hast du die Zeitung mit?

KOLBE *zieht eine Zeitung aus der Tasche.* Hier. *Er liest vor.* „Durchbruch im VEB ‚Roter Oktober'. Die Arbeiter des VEB ‚Roter Oktober' erzielten einen Durchbruch. Der Aktivist Balke entwickelte den Plan, einen Ringofen, der gerissen war, ohne Betriebsunterbrechung umzubauen, was in diesem Produktionszweig als unmöglich galt. Propagiert durch den BGL-Vorsitzenden Schurek ..."

KRÜGER: Ausgerechnet Schurek.

KOLBE: „... wurde diesem Plan begeistert zugestimmt, der eine Einsparung von 400 000 Mark bedeutet und die Planerfüllung sicherstellt. Wir suchten die Brigade des kühnen Neuerers an ihrem Arbeitsplatz auf, wo ein reges Treiben herrscht, und konnten einen Blick in den Ofen werfen. Wie diese Männer mit den Steinen umgehen, das ist sozialistisches Tempo ..." Spinner! Ohne Tempo verbrennst du dir die Pfoten. *Er liest weiter.* „Sie arbeiten mit Handschuhen, denn die Steine glühen, und im Vordergrund steht die Sorge um den Menschen. Während eine Kammer nach der anderen stillgelegt, abgerissen und neu ausgemauert wird, brennt nebenan hinter einer dünnen Wand das Feuer weiter. Es kommt vor, daß die Pantinen der Männer in Brand geraten. Eine Leistung, welche sich der Laie nicht vorstellen kann. Von den nackten Oberkörpern rinnt der Schweiß, aus den Gesichtern sprechen Entschlossenheit und Zuversicht. Die Belegschaft ist stolz auf sie."

BALKE: Deswegen klauen sie uns auch die trocknen Steine, die wir brauchen.

KOLBE: Wenn der Tintenkuli wiederkommt, machen wir Schulung mit ihm, bei 100 Grad im Ofen.

KRÜGER: Dich hat er ja ganz schön herausgestrichen, Balke.

9

Ofen. Darin Balke, Krüger und Kolbe bei der Arbeit. Brillenträger wirft im Vorbeigehen einen Stein, der Balke trifft.

KRÜGER: Das ist zuviel.

KOLBE *den Stein aufhebend:* Den heben wir auf. Das ist ein Beweisstück.

BALKE *die getroffene Stelle reibend:* Ist er trocken?
KOLBE: Ja.
BALKE *grinsend:* Das Beweisstück wird vermauert.
Kolbe reicht ihm den Stein.

Peter Hacks
Prolog zu „Die Sorgen und die Macht"   31

Dieses Stück ist Hacks' Beitrag zum „sozialistischen Gegenwartstheater". Die Fabel
ist authentisch: eine Brikettfabrik arbeitet schnell, aber schlecht, so daß die Glasfabrik, die die schlechten Briketts verwenden muß, ihren Plan nicht erfüllen kann.
Gute Briketts würden der Glasfabrik zur Erfüllung des Plans helfen; aber dann würde
die Brikettfabrik wegen geringerer Produktion ihren Plan nicht erfüllen können. Der
Widerspruch, der zwischen der Forderung nach hohen Produktionszahlen und hoher
Qualität liegt, soll schließlich durch eine höhere Moral der Arbeiter überwunden
werden.

Prolog

Fidorra, Max, ein junger Brikettierer,
Gewinnt, mit Geld und guten Worten, Herz
Und Bett von Hede Stoll, Sortiererin
In einer Glasfabrik. Fidorra ist reich,
Stoll arm, warum? In der Brikettfabrik
Machen sie elende Briketts, wurmstichige
Preßlinge, Affen ihrer Gattung, aber
Von denen viel, und viel ist einträglich;
Und liefern diese schlechten, vielen und
Einträglichen Briketts der Glasfabrik,
Deren Maschinen sich den Magen dran
Verrenken und stillstehn. Also ist Stoll arm
Durch Schuld Fidorras, ist Fidorra reich
Auf Kosten Stolls. Doch Zeit und Änderung kommt.
Denn neunzehnsechsundfünfzig, im Oktober[6],
Setzt Eifer mächtig ein der Kommunisten
Und Anstrengung, die Güte der Briketts
Zu bessern, was bedeutet, erst die Güte
Zu bessern der Partei. Und ab von oben
Nach unten rolln die Kämpfe, deren das Gute
Bedarf in einem guten Land. Sie enden
Siegreich. Die Männer alle werden redlich,
Und auch Fidorra tut für seine Freundin,
Was er nicht für den Sozialismus täte.
Aufblüht die Liebe unterm rußigen Mond,

---

[6] In Polen und Ungarn kam es im Oktober 1956 zu Aufständen gegen das kommunistische Regime.

Hart in die Wagen schellen die Briketts,
Und großen Fortgang nimmt die Glasfabrik.
Doch auf Betrug verzichtend, verzichten die
Brikettkumpel auf Lohn. Das geht drei Monat,
Dann geht das nicht mehr. Das Gewicht des gern
Gebrachten Opfers nimmt beim Tragen zu.
Müd werden die Beschlüsse, wach die Triebe.
Und los von neuem brichts, klirrend und blutig,
Und jeder muß jetzt seinen Kopf festhalten,
Denn weniger wird nicht genommen als
Sein Kopf und sein ganzes Denken. Hie gut, hie viel
Und viel, viel, viel, schreit die Regierung, ders
Um Katarakte geht von Energie;
Sie murmelt auch von Qualität was, aber
Lobt dich für Menge. Gute Gründe pflastern
Den Weg des Irrtums. Wohin geht Fidorra?
Fidorra Max ist arm, Hede Stoll reich.
Sie kauft, schafft an, bezahlt. Wer zahlt, herrscht.
Die Würde dieses deutschen Proletariers
Ist tief verletzt. Ganz unvermögend steht er
Und mit der Kraft des Gelds entschwinden ihm
Des Geists, der Muskeln und der Lenden Kräfte.
Schlimme Verknotung: diese Liebe scheitert
Daran, daß einer Geld hergab aus Liebe.
Was kann allein die Liebe retten? Geld.
Und doch entscheidet er sich gegen Geld.
Und gegen Liebe, und doch wird ihm Liebe:
Ihm, der um mehr als Liebe Liebe wegwirft.

Werner Bräunig
So viel Sand hat nicht mal die Sahara 32

Wir waren ausgezogen, einen Meister zu loben oder einen Polier, wie derselbe auf Deutsch heißt — und wir waren hingegangen nach Halle-West. Wir hatten dann auch schnell einen gefunden, der hieß Michel Herale, und alle sagten nur Gutes über ihn. Also sagten wir uns, gehen wir hin, loben wir ihn.

Und damit fing der Ärger schon an. Unser Mann nämlich wollte nicht gelobt werden. Nicht etwa aus Bescheidenheit, wie wir anfangs dachten, ach wo. Er meinte einfach, es sei da nichts Lobenswertes. Und wenn wir schon unbedingt über ihn schreiben wollten, dann sollten wir schreiben: Er sei ein Lügenpastor, wie er im Buche stehe. Er schwindele das Blaue vom Himmel herunter, er könne gar nicht anders. Und weil er das tue, deshalb sei er auch allerorts solch ein beliebter Mann.

Da saßen wir natürlich beträchtlich in der Klemme. Sagen Sie selbst: Schreibt man so was vielleicht in die Zeitung? Und überhaupt: Vielleicht war das bloß so ein Tick von dem Mann? Oder er wollte uns auf den Arm nehmen? Oder er war mit dem falschen Bein aufgestanden, oder? Kurz und gut, wir waren nun hellhörig geworden, wie das ja bei Zeitungsleuten hin und wieder mal vorkommt. Wir wollten der Sache auf den Grund gehen. Also, sagten wir sogleich, Junge, wie kannst du bloß solche Geschichten erzählen? Bißchen bösen Mann markieren, wie? Irreführung der Presse, was?

Da sah uns der Meister Herale aber seltsam an. Und dann grinste er ein bißchen und sagte: Bitte sehr, und die Sache wäre die. Nämlich, er sei doch der Mann, der die Abrechnungen für mehrere Brigaden macht und die Stunden schreibt. Nun ja, und da schriebe er eben Stunden auf, die es gar nicht gibt. Zum Beispiel mit dem Sand. Also so viel Sand, wie in den Büchern von Halle-West abgerechnet worden ist, von den Meistern geschrieben und von den Bauleitern akzeptiert, so viel Sand gibt es nicht einmal in der Sahara. Wenn der wirklich geschippt worden wäre, da wäre Halle-West schon zugeschüttet bis zum zehnten Stockwerk.

Oder nehmen wir beispielsweise das Holz, das laut Abrechnung transportiert und aufgesammelt und sonstwie durch die Hände der Hochbauleute gegangen und bezahlt worden ist. Also, meine Lieben, das ist so ungefähr die Menge, die in ganz Sibirien seit der Oktoberrevolution gewachsen ist, eher ein bißchen mehr.

Solche Sachen mache er also, sagte der Meister Herale, und er zucke da mit keiner Wimper. Und außer ihm erst recht keiner. Könnt ihr mal sehen!

Je nun, da waren wir freilich ernstlich betrübt. Der Mann war also doch ein „Lügenpastor", und was für einer! Und dann erzählt er das auch noch, als ob's eine Großtat wäre. Da konnten wir bloß noch fragen, ob er denn nicht wenigstens Gewissensbisse hätte.

Wie bitte? fragte unser Mann, wie heißen die Dinger?

Na, Gewissensbisse, Skrupel, schlaflose Nächte etc.

Darauf sagte er erst mal nichts. Und dann sagte er: Hm!

Und sagte ferner: Ihr dürft nun allerdings nicht glauben, daß die Lügengeschichte eine Geheimkunst ist. Deshalb erzähle ich sie ja auch. Vielleicht, daß sich dann leichter was ändern läßt . . .

Und wir erfahren folgendes:

Wie alle anständigen Menschen wollen die Arbeiter von Halle-West gutes Geld verdienen für gute Arbeit. Gutes Geld für schlechte Arbeit wollen sie nicht. Weil aber die gute Arbeit nicht gut organisiert ist, kommt es dauernd zu Ausfallstunden und Stillstandzeiten. Fertigteile fehlen, das Plattenwerk liefert nicht sortiments- und qualitätsgerecht. Kräne stehen still, teure Hand- und Nebenarbeiten müssen zur Überbrückung herhalten, qualifizierte Arbeitskräfte stehen da und beschäftigen sich. Das paßt aber den Arbeitern nicht. Mehr Platten oder weniger Leute, sagen einige. Und vielleicht sind auch ein paar Kräne zuviel, sonst würden doch nicht dauernd welche stillstehen. Und sowieso hängt alles ab von der Kapazität des Plattenwerkes. Wenn die nicht liefern, können wir nicht mehr montieren. Also auf, laßt uns woanders Hütten bauen.

Dies nun paßt wiederum den Leitern nicht. Leute, sagen sie, keine Panik, bleibt da, ihr werdet gebraucht. Wir haben Planschulden, wie sollen wir die aufholen ohne euch? Diesen Monat klappt's ja nicht so richtig, aber nächsten Monat wird's dann schon richtig klappen. Wir sind doch auch Menschen, und wir tun unser Bestes, habt also ein Einsehen.

Also haben die Arbeiter ein Einsehen. Die einen helfen vorübergehend beim Tiefbau aus — bei einer Arbeit, die zwei oder drei Lohnstufen niedriger liegt. Die anderen nehmen vorübergehend weiterhin Stockungen und Ausfallzeiten in Kauf, und Meister Herale bügelt das dann irgendwie aus mit erfinderischem Bleistift. Die Bauleiter unterschreiben. Halle-West wächst. Die Kosten wachsen auch.

Natürlich, sagt Meister Herale, so viel weiß ich selber: Mit Kritik alleine ist es nicht getan. Da muß was Konstruktives her! Zum Beispiel muß sich endlich herumsprechen, daß jeder nicht nur für das verantwortlich ist, was gerade vor seiner Nase liegt, sondern für alles; und unser aller Verantwortung hier hört erst auf, wenn Halle-West endgültig fertig dasteht und in Ia-Qualität.

Was augenblicklich getan wird, ist vorläufig Vorläufiges. Was wir wollen, ist endlich Endgültiges. Wir wollen uns nicht selbst betrügen. Wir wollen, daß unsere Arbeit Gewinn bringt für unsere Gesellschaft und nicht, daß der Staat zusetzen muß. Auf die Dauer hilft da nur eins: Ehrlichkeit, Schluß mit diesem Bereichsdenken, vernünftige Entscheidungen, straffe Leitung! Und heraus aus diesem ewigen Karussell von Behelfen und Zwischenlösungen; wir brauchen die zeitgemäße optimale Lösung . . .

. . . Wir waren ausgezogen, Meister zu loben. Daß einer, der sich selber „Lügenpastor" nennt, am Ende zu loben ist für Ehrlichkeit, ist uns noch nicht untergekommen. Hiermit tun wir es. Und wir sind mit Michel Herale auch darin einer Meinung: Man darf dergleichen nicht einreißen lassen, stillschweigend geduldeter Schwindel als Kompromißlösung.

Bliebe noch dies: Wer zu nahe an ein Haus herangeht, sieht bloß noch die Risse im Putz. Wer zu weit weggeht, sieht bloß noch die Umrisse. Es gibt aber immer eine mittlere Entfernung, von da aus das Ganze gut zu sehen ist *und* das Detail. Einen solchen Blickwinkel, scheint uns, hat ungefähr der Meister: Er ist Mittler zwischen Leitung und Brigaden — und nicht nur das. Sicherlich gibt es Leute, auch in der Leitung, die davon profitieren könnten. Wenigstens sollte das einmal versucht werden.

1966

Norbert Barth
Tägliche Planerfüllung ist unser Kampfauftrag   33

Wir können dem Parteitag mitteilen, daß die Bergarbeiter, Ingenieure und Angestellten aus den Betrieben der SDAG Wismut[7] in enger sowjetisch-deutscher Gemeinschaftsarbeit im sozialistischen Wettbewerb zu Ehren des VIII. Parteitages[8] alle Positionen des Planes erfüllt haben. (Lebhafter Beifall)
Wir setzen damit eine bewährte Tradition unseres Industriezweiges fort. Seit seinem Bestehen wurde der Plan stets erfüllt und übererfüllt. Das ist für alle Werktätigen unseres Industriezweiges eine Ehrensache.
In wenigen Tagen besteht unser Industriezweig 25 Jahre. Diese Zeit ist gekennzeichnet von einer sich ständig entwickelnden und vertiefenden sowjetisch-deutscher Gemeinschaftsarbeit, vom gemeinsamen Ringen von Bergarbeitern der DDR und sowjetischen Spezialisten um die Sicherung und Erhaltung des Friedens.
Es ist auch kein Zufall, daß in unserem Industriezweig unmittelbar nach der Veröffentlichung der Dokumente des XXIV. Parteitages[9] in allen Brigaden und Kollektiven mit einem intensiven Studium begonnen wurde. Bei uns wissen die Werktätigen: Wer mit der Sowjetunion im Bunde ist, gehört zu den Siegern der Geschichte! (Beifall)
Ich bin Parteigruppenorganisator und Hauer in einer Jugendbrigade. Von unseren 13 Brigademitgliedern gehören sieben der Sozialistischen Einheitspartei Deutschlands an. Ein Jugendfreund stellte in Vorbereitung des VIII. Parteitages den Antrag, Kandidat unserer Partei zu werden.
Genossen Delegierte! Glaubt nur nicht, daß bei so vielen Parteimit-

---

[7] Sowjetisch-deutsche Aktiengesellschaft Wismut: sowjetisch-deutsches Großunternehmen zur Gewinnung von Uran, 1946 als sowjetischer Staatskonzern gegründet, 1952 in deutsche Verwaltung überführt.
[8] Juni 1971.
[9] Parteitag der KPdSU im April 1971.

gliedern im Kollektiv alles klar ist und keine Probleme auftreten. Unsere Probleme begannen bereits bei der Brigadebildung. Damals erhielten drei Jugendfreunde und ich als Parteigruppenorganisator den Auftrag, ein neues Jugendkollektiv zu bilden. Wir schieden aus einem hervorragenden Jugendkollektiv der DDR aus, und uns wurden neun Hauer zugeteilt, die aus anderen Bergbauzweigen unserer Republik zur Wismut kamen. Diese neuen Freunde mußten wir mit den spezifischen Bedingungen des Wismutbergbaus vertraut machen. Es gab dabei oft harte Auseinandersetzungen.

In der Parteigruppenwahlversammlung haben wir uns sehr eingehend darüber beraten, daß die Durchsetzung der führenden Rolle der Arbeiterklasse auf allen Gebieten des gesellschaftlichen Lebens einen ständigen Kampfauftrag für jeden Genossen darstellt. Das heißt für jeden einzelnen von uns, nicht nur Vorbild in der täglichen Planerfüllung zu sein, sondern nach dem Grundsatz zu handeln: Wo ein Genosse ist, da ist die Partei!

Uns ist auch klar, daß die Klassenauseinandersetzung mit dem Imperialismus in erster Linie durch eine höhere Arbeitsproduktivität[10] entschieden wird. Aber eine höhere Arbeitsproduktivität wird nur erreicht, wenn sich das gesamte Kollektiv seiner politischen Verantwortung im Kampf um die allseitige Stärkung der Republik bewußt ist. Deshalb ist es nicht zufällig, daß unser Hauptkampffeld gegenwärtig die Durchsetzung der komplexen sozialistischen Rationalisierung darstellt. Die Leitung des Betriebes stellte unserer Jugendbrigade die Aufgabe, in sozialistischer Gemeinschaftsarbeit mit dem wissenschaftlich-technischen

---

[10] Unter Arbeitsproduktivität wird der „Beitrag zum Bruttosozialprodukt je Arbeitskraft" verstanden (DDR-Wirtschaft. Eine Bestandsaufnahme von P. Mitzscherling. M. Melzer, E. Hagemann u. a., Fischer-Bücherei 6137, Frankfurt/M. 1971, S. 144). Die Forderung nach erhöhter Arbeitsproduktivität innerhalb der sozialistischen Planwirtschaft der DDR überrascht zunächst; ihre Motivation (Auseinandersetzung mit dem Imperialismus) verdeutlicht, daß auch der Bereich der Wirtschaft ideologisiert wird.

Im Fischerbuch wird zum Vergleich der Arbeitsproduktivität in der DDR und der Bundesrepublik gesagt:

„Für die Jahre 1967 und 1968 wurde ein umfangreicher Vergleich der Arbeitsproduktivität in der Industrie der DDR und der Bundesrepublik durchgeführt. Über die Produktion von etwa 200 Industrieerzeugnissen — zu westdeutschen Preisen bewertet — wurde durch Hochrechnung die Bruttoproduktion der Industrie der DDR und der BRD ermittelt. Mit diesen Werten und den Beschäftigtenzahlen konnte die Arbeitsproduktion errechnet werden.

Für die gesamte Industrie betrug der Rückstand der Arbeitsproduktivität in der DDR gegenüber der Bundesrepublik 1968 knapp ein Drittel" (S. 122—123). Dieser Rückstand hat seit 1960 in annähernd gleicher Höhe bestanden. Auch in den 70er Jahren war die Arbeitsproduktivität in der Bundesrepublik der in der DDR beachtlich überlegen.

Zentrum und dem ingenieurtechnischen Personal eine neue effektive Abbautechnologie zu Ehren des VIII. Parteitages zu entwickeln.

Der überwiegende Teil unseres Kollektivs war anfangs skeptisch, weil es um etwas völlig Neues in unserem Betrieb ging. Althergebrachte Arbeitsmethoden galten nicht mehr und mußten über Bord geworfen werden. Einige Freunde stellten natürlich die Frage, gehen wir nicht ein großes Risiko ein? Bisher haben wir durch unsere Leistung ganz annehmbar verdient. Ob bei der Rationalisierung das Geld auch stimmen wird, wissen wir nicht. Zu diesen Fragen haben wir uns zuerst in der Parteigruppe einen Standpunkt erarbeitet.

Welche Ergebnisse haben wir dabei erreicht? Mit dieser neuen Technologie konnten wir die Arbeitsproduktivität auf 143 Prozent steigern. Gleichzeitig ist es uns gelungen, die Materialkosten um 14,62 Mark pro Kubikmeter zu senken. Ich weiß natürlich, daß hier im Saal viele Genossen sitzen, die mit größeren Beträgen rechnen. Doch 14,62 Mark pro Kubikmeter sind bei den vielen Kubikmetern, die wir abbauen, eine ganz schöne Summe. Allein für unsere Brigade macht das im Monat über 14 000 Mark Kostensenkung aus.

In der Erprobungszeit brachten wir sieben Verbesserungsvorschläge ein, die in die Technologie aufgenommen wurden, und jetzt werden unsere Ergebnisse vom wissenschaftlich-technischen Zentrum ausgewertet, um sie im gesamten Industriezweig zu nutzen. Damit wird sichtbar, daß das Wort des Arbeiters bei uns etwas gilt!

Ein entscheidendes Problem bei der Verwirklichung von Rationalisierungsvorhaben, und das konnten wir am eigenen Beispiel der Brigade verspüren, ist die ständige politische und fachliche Weiterqualifizierung der Menschen. Der überwiegende Teil unserer Bergarbeiter besitzt heute eine abgeschlossene Facharbeiterausbildung. Ständig erhöht sich der Anteil mit Abitur und Zehnklassenabschluß.

Manche fragen natürlich: Wozu braucht ein Bergmann das eigentlich alles? Auch in unserem Industriezweig herrschte anfangs die Tendenz vor, einen Bergmann nach seiner Muskelkraft zu beurteilen. Nach diesen Maßstäben würde ich heute nicht als Hauer auf dem VIII. Parteitag sprechen. Bei meiner Figur hätte mich wahrscheinlich damals kein Brigadier in sein Kollektiv aufgenommen. (Heiterkeit)

Alte Wismut-Bergleute haben mir erzählt, wenn damals ein Neuer in das Kollektiv kam, sagte der Brigadier: Heb mal den großen Brocken in den Hunt[11] rein. Und das war entscheidend, ob er ins Kollektiv aufgenommen wurde oder nicht. Damals waren der Bohrhammer und die Schaufel das wichtigste Arbeitsgerät des Bergmanns. Heute dagegen dominiert die neue Technik. Moderne Gerätekombinationen, die den

---

[11] Förderwagen

Kumpel vom Bohrhammer trennen und damit die Arbeits- und Lebens-
bedingungen des Bergmanns wesentlich verbessern, bestimmen in zu-
nehmendem Maße unsere Abbaue.
Deshalb betrachten wir Bergarbeiter es als eine Ehrensache, diese neue
Technik maximal in allen drei Schichten auszulasten.
Liebe Delegierte! Auf der 16. Tagung des ZK der SED betonte Genosse
Erich Honecker: Das Unterpfand für unser weiteres sicheres und erfolg-
reiches Vorwärtsschreiten liegt vor allem in unserem unverbrüchlichen
Bruderbund mit der Partei Lenins, der Kommunistischen Partei der
Sowjetunion. Diese Worte unseres Ersten Sekretärs des Zentralkomitees
haben sich in der 25jährigen Praxis unseres Industriezweiges, der So-
wjetisch-Deutschen Aktiengesellschaft Wismut, immer bestätigt, und
so halten wir es auch für die Zukunft! Glück auf! (Lebhafter Beifall)

Texte „schreibender Arbeiter"

Helmut W. Kern 34
Feierabend

Es ertönt endlich die Werksirene.
Ersehntes Signal.
Und zufrieden greift die Hand
zum Ausknopf der Maschine.
Und die wird langsamer,
bleibt schließlich stehn.

Ich atme tief
— geschafft —
für heute Ende,
was ich mir vorgenommen hatte, ist getan,
so denke ich, mach mich auf meinen Weg
zum Waschraum, zu den Garderoben.

Wohlig umrieselt das Wasser
aus der Brause meinen schweißigen Körper,
süßlich schmeckt es auf den Lippen,
es erfrischt mich,
belebt mich neu, läßt
die Gedanken sich sammeln,
die Zähne zusammengebissen,
dann dusch ich kalt — das tut gut.

Und so erfrischt,
so gehe ich nach Hause und
freue mich der Menschen,

die mit mir gehen,
ich freue mich,
daß Kinder fröhlich spielen,
ganz unbeschwert, nicht wie zu meiner Zeit
und oben auf dem Neubau
an der Ecke
seh ich die Richtkrone,
bald werden Menschen wohnen in dem Haus.
Ich gehe jeden Abend diesen Weg,
und jeden Abend finde ich ihn schön.

Ernst Zober
Vor dem Fenster

Schornsteinumstellte Horizonte
hier, in der Landschaft
der Fabriken.
Ascheregen unaufhörlich,
unsichtbar vom verätzten Himmel.
Hier, wo der Schnee stumpf wird
über Nacht und sommers
die bunten Farben
dem Grau unterliegen,
wo nächtens der zitternde Widerschein
der Fackelflammen
in rußigen Fenstern verlischt,
dahinter tausendfach Träume sind
von blanken Gewässern
unter wogenden Wipfeln und
klaren Himmeln.
Hier, wo der Mensch beginnt
sich selbst zu überwinden;
aus Rauch, Asche immer
reichlicher die Früchte reifen
den Kommenden,
hier, wo ich täglich
Lehren empfange, will ich
zufrieden sein und sagen,
wenn die Hände welk geworden:
Meine Spur wird sein
in Asche, Rauch und Früchten.

Jürgen Köditz
Ungeahnte Perspektiven

(Nach einem Referat)

Die Ökonomie der Agronomie
wird immer ökonomischer.
Gestern noch Dorf —
heute MILCH-STADT-KOMBINAT.
Auch die Kühe kriegen
          ihr genossenschaftliches Vergnügen,
denn sie dürfen Melkkarussell fahren.
Und sollen fürs Soll
nächster Perspektiven
          hoch durch die Lüfte fliegen,
denn dann fahren sie in Butterzentrifugen
RIESENRAD.

Dreherin

Das Märchen
von Goldmarie
geht heute ganz anders.
Die Spindel bewacht sie:
Läßt den gesteuerten Stahlzahn
rotierenden Rotguß spanen.
Ihr Drehkern dreht sich
im Wettbewerb
mit den Zensuren der Patenklasse
     Drei C.[12]
Heute proklamieren die Schüler:
Den Tag der Dreherin
und überreichen Goldmarie
einen Papierorden, goldbronze bestrichenes Q.[13]
Wer hätte je stolzer einen simplen Orden getragen?

---

[12] Sozialistische Brigaden übernehmen oft „in Durchsetzung des einheitlichen sozialistischen Bildungsgesetzes" die Patenschaft für Schulklassen; sie kümmern sich
dann um schulische und menschliche Probleme der Schüler (Lernhaltung, Leistungssteigerung, materielle Ausstattung) und laden die Schüler in die Fabriken ein, damit
sie ihre Brigade bei der Arbeit kennenlernen.
[13] Zeichen für Qualität.

Volker Braun
Freunde

Personen

MINK
LAPPMANN
BEIER
LANZ
ANKA
EIN MEISTER
KADERLEITERIN
ALTER ARBEITER
LANGER ARBEITER
INGE, BEIERS FRAU
EIN BAULEITER
EIN FAHRER
ARBEITER. FRAUEN UND MÄNNER
Geschrieben 1965

1

*Baustelle. Gerüste. Transparenter weiter Himmel. Auf der einen Seite Mink,
Lappmann, auf der andern Beier, Lanz, montieren Schalbretter.*
BEIER *ruft:* Willst du nichts sagen, Mink? Gehörst zu uns.
  Mink schweigt.
  Warum bist du von dort weg?
  Mink schweigt.
  Ich mein: warum?
LANZ: Hast du was ausgefressen?
MINK: — Schinderei.
  Arbeiten.
LANZ: Ach so.
MINK: Arbeiten kann ich!
BEIER: Ja? Wirklich?
  Arbeiten verbissen.
LAPPMANN *nur zu Mink:* Und die Fundamente. Da war i c h hier neu.
Na, ich war das nicht gewöhnt, Beton. Ich dacht: die Schubkarre
reißt mich um. Ist mir immer vom Brett gekippt. Ich dacht: das
lassen sie sich nicht gefallen. Wollt gleich wieder weg — in Tiefbau.
Ich dacht: mich halten die nicht. Bernd hatte auch gleich gesagt, als
der Meister mich brachte: wieder so einen. Ich hatt es gehört.
LANZ *nur zu Beier:* Los, Bernd!
LAPPMANN: Aber mit den Karren — er sagte gar nichts. Ließ michs

ruhig einschaufeln. Und bei jeder, die nicht kippte, sagte er: Wunderbar! Sagte er. Hatt ichs dann bald raus.

BEIER *nur zu Lanz:* Ja, los, Lanz!

LAPPMANN: Im Winter, das „Wasserschloß". Der Beton gerissen, na. Durch den Spalt schlug das Wasser. Die ganze Arbeit blockiert. Und Frost! Das mußte abgeriegelt werden. Aber den Befehl geben: mach diese Arbeit! das konnt keiner. In dem Frost im Wasser! Wir sind dann freiwillig hinunter, unsere Brigade. Ein Tag und eine Nacht, sie haben den Beton herunter gelassen, bis wirs dicht hatten, dann kamen wir wieder hoch.

BEIER *ruft:* Kein Holz! Anka? Bringt Holz!

LAPPMANN: Die Brücken für das Gleis, da sind wir abgestürzt. Lanz und ich, ich hing am Seil, wir hingen zehn Meter über der Straße. Ich dacht, ich könnt mich nicht halten, ich schrie! Da hat Lanz losgelassen.

MINK: Und stürzte runter?

LAPPMANN: Vielleicht, du, absichtlich. Daß ich mich halte. — Er sah schlimm aus. Blut.

MINK: Der gefiel mir auch gleich.

LAPPMANN: Vielleicht — hat er sich auch nicht halten können. Sagt er.

MINK *laut:* Und was soll das alles?

LAPPMANN: Ja, daß du weißt — also . . . Bei uns nicht!

Mink und Lappmann haben einen Vorsprung.

LANZ *anerkennend:* Das kann er.

Steigen aus den Gerüsten. Anka langsam mit Schalbrettern. Mink sieht sie an.

LAPPMANN: Das ist die Anka. Die ist faul.

MINK: — Die ist schön.

ANKA *zu Beier:* Bin ich das?

BEIER: Solln wir auf euch warten? Was trödelt ihr? Wird Zeit!

Mink nähert sich ihr.

Daß wir hier fertig werden!

Mink zwischen beiden.

Daß wir hier wegkommen!

ANKA: Ihr, ja.

BEIER: Da müssen alle ranhaun!

Mink setzt sich auf den Boden.

Weiter.

Beier, Lenz, Lappmann in die Gerüste.

MINK: Wer schreit hier? Bist du das?

BEIER: Mink, wir können wieder.

MINK: Hast du gesagt: alle, Brigadier? Ich mach mal Pause. Anka, du auch.

ANKA: Ich?

MINK: Ich mach, was ich will, das wär gut. Jetzt sitz ich. Was jetzt kommt, weiß ich. Na schrei doch!

BEIER: Ich?

MINK *zu Anka*: Aber ich bleib sitzen!

BEIER: Na und?

MINK: Ich bleib sitzen!

BEIER *lacht*: Na gut.

MINK: Ja gut. — Anka — kommst du mit?

ANKA: Mit dir?

Mink steht auf, nimmt sie um die Schulter.

MINK: Anka — was du willst.

Geht langsam mit ihr ab. Beier steigt vom Gerüst.

BEIER: Mink! *Wirft seinen Hut zu Boden.*

2

Ankas Zimmer. Anka. Mink.

ANKA: Was willst du?

MINK *selbstsicher*: Du bist gut! *Legt sie aufs Bett.*
— Du willsts auch.

ANKA: Und wenn?

MINK: Wir passen zusammen. Das seh ich gleich. Du bist schön.

ANKA: Du bist schnell!

MINK: Mir kann keiner. — Hast du hier wen?

ANKA *hält ihn*: Du liebst mich wohl?

MINK: Ich komm auch für auf, gegebnenfalls. — Du gefällst mir.

ANKA *macht sich los*: Ach.

MINK: Was denn noch?

ANKA *wütend*: Wo lebst du denn! — Willst du nur das?

MINK: So.

ANKA *tut uninteressiert*: Was hast du denn bisher gemacht?

MINK: Ach, viel. In vielen Haufen. Ich such mir schon, wo sichs lohnt. Wo man einen braucht.

ANKA: Mein Mann muß mehr können — als ich. — Sie gehn alle, Industriebau, nur ich bleib. — Und wie du das denkst. Und überhaupt!

MINK: Anka — was soll ich denn?

ANKA: Weiß ich? Gefällst du mir denn?

Mink schweigt betroffen.
Da mußt du noch viel tun.

MINK *steht aufgerichtet, stolz*: Muß ich?

ANKA *lacht*: Von mir aus nicht.

Mink stakt herum. Anka lacht. Er läuft hinaus.

3

Zimmer des Meisters. Der sehr junge Meister. Kaderleiterin. Mink auf einer Bank.

KADERLEITERIN: Ich will Ihnen nur helfen. Hier wollen Ihnen alle helfen. Aber Sie müssen auch wollen. Sie kommen hierher, aber was haben Sie dort gemacht!

MINK: Hab nichts gemacht.

KADERLEITERIN: Das hilft Ihnen nichts, wenn Sie dumm spielen. Ein Zutraun muß man doch haben, wenns einer verdient. Oder Ihr Meister. Oder kommen Sie zu mir.

MINK: Warum.

KADERLEITERIN: Ich hab Sie in die fortgeschrittenste Brigade gegeben —

MEISTER: Das war dein Fehler, da ist er besonders zurück.

KADERLEITERIN: Sie könnte Ihnen helfen, daß Sie sich hier einleben —

MEISTER: Auch falsch, er wird sich hier ausleben.

KADERLEITERIN: Wollen Sie uns nichts sagen?

MINK: — Ich, mach hier noch am meisten. Was ist denn hier. Keine Ordnung, und weniger Lohn. Wer will was. Da soll einer komm'n und zusehn. Ich mach Geld, wenn ich will. *Lügt* Ich war schon Brigadier. Das war ein andres Arbeiten. Ich hab das ja nicht nötig hier.

MEISTER: Er lügt, und betrügt!

KADERLEITERIN: Und warum kommen Sie hierher, ohne Abmeldung und Papiere vom alten Betrieb?

Mink schweigt.

MEISTER: Mehr Geld, das geht doch anders. Da können Sie, sag ich, was lernen. Lernen. — Was kannst du. Bist du ein Arbeiter? Ja. Was heißt das. Das bist du sowieso, und von Rechts und Staats wegen. Da brauchst du weiter nichts als ein halbweges Gesicht, und zwei Hände sind die ganze Qualifikation. Der Arbeiter! Das ist ein höheres Wesen. Ich sag dir, beim Meister fängt der Arbeiter erst an. Morgen beim Ingenieur. Was lehrt uns das? Erstens: lernen, lernen und nochmals lernen. Zweitens: weiterlernen. Kapito? Und die Schlacke bleibt zurück, die Dummheit. Na? Aber er muß sich veredeln, der Mensch. Er muß lernen. Na?

MINK: — Dann werft mich doch hinaus.

MEISTER: Ja wohin? Hören Sie nicht, was ich sage?

MINK: Nicht? *Steht auf.* Dann passiert mir nichts?

KADERLEITERIN: Ich weiß noch nicht, ob Sie bleiben können — Was Sie gemacht haben — wird erst geklärt!

MEISTER: Was ich aus dem machen könnt!

KADERLEITERIN: — Ich möcht Ihnen vorschlagen: kommen Sie zu mir, sonntags. Und sonst, wenn Sie Zeit haben. Damit Sie wo zu Hause sind.

MINK: Das soll ich?

KADERLEITERIN: Aber doch nicht als Strafe! Ja! Sonntags!

MEISTER: Kein Mensch ist zu dumm. Sie werden sichs bald zutraun: lernen. Wie alle in der Brigade! Da kommen Sie nicht herum!
Mink zwischen beiden hindurch rasch hinaus.

KADERLEITERIN: Ach, was bist du: Meister? Schulmeister!

MEISTER: Du, regelst die Kaderfragen? Vaterfragen.

KADERLEITERIN: Du mißt sie mit dem Zollstock, damit will ich mich nicht messen.

MEISTER: Du nimmst sie an deine Brust, damit kann ich mich nicht brüsten.

KADERLEITERIN: Eh er von allein fortläuft!

MEISTER: Eh er die ganze Truppe reinreißt! Wir wollen sie g e s c h l o s - s e n nach Schwedt schicken!

KADERLEITERIN: — Der wird schon warm werden, bei mir. Patenschaft.

MEISTER: Ja, bei mir. Der wird schon schlau werden.

KADERLEITERIN: Ja!

MEISTER: Ja!

4

Ankas Zimmer, Anka. Beier.

BEIER *singt halb:*
  Er führt sie in das grüne Gras
  Er bat, und Ännchen niedersaß.
  Er legte sein Kopf in ihren Schoß
  Mit ihren Tränen sie ihn begoß.
    Kommt er heut?
  Ach Ännchen, liebes Ännchen mein
  Warum weinst du so sehr um ein.

ANKA: Er ist nicht schlecht.

BEIER: Nein, aber dumm. Was läßt du dich mit dem ein?

ANKA: Wenns mir Spaß macht?

BEIER: Was willst du von ihm. Der ist dir schon recht. Weiter verlangst du nichts.

ANKA: Das ist meine Sache.

BEIER: Unsre auch. — Meinst du, in dir steckt nicht mehr?

ANKA: In mir? Wieso denn in mir? *Lächelt.*

BEIER *sieht sie an, überrascht:* Er hat recht — du bist schön.

ANKA: Ja?

BEIER: Ich glaub, ja.

ANKA: Wie Inge?

BEIER: Das kann man nicht vergleichen. — Jeder ists.

ANKA: Für mich nicht.

BEIER: Mach dir nichts vor. Jeder, irgendwie.

ANKA: Du ja.

BEIER: — Inge, hab ich nie betrogen.

ANKA: Darfst du ja nicht.

BEIER: — Grad du. Bist du so abhängig, von einem? *Will sie umfassen.*

ANKA: Sei still! — Das bestimm ich wohl.

BEIER: Inge . . . Statt sie fragt, was wichtig ist, was etwas ändert — und ansonsten lebt, wie es kommt! Aber nein, man verwendet die Mühe drauf, auf sich selbst zu achten, seine Gedanken zu gängeln und seine Glieder — niederzuhalten, — um anständig zu sein und nicht anzustoßen. Und wenn man stirbt, hat man nur eins vollbracht: moralisch gewesen zu sein! Ein guter Mensch! Eine brave Erscheinung! Nichts Wesentliches!

ANKA: Denkst du das? — *Spöttisch* Was du denkst!

BEIER *lacht:* Ja. Los. Mach was du willst! Leistest du dir nur den Toffel?

ANKA: Ich, ach wo. — *Zornig* Er ist nicht schuld, daß er so ist!

BEIER *anmaßend:* Komm. Red nicht. *Hält sie.*

ANKA: Laß doch!

BEIER: Laß doch.

ANKA *gibt nach:* — Warum?

BEIER: — Jetzt fragst du nicht mehr . . .

ANKA: — Nein.

5

Die Baustelle. Abbau der Gerüste. Beier. Lanz. Lappmann. Mink. Anka und andere Arbeiter transportieren Bretter ab.

LANZ: Die Frauen nehmen wir mit, wenn wir gehn. Was ist eine Landschaft ohne Frauen! Kein Hügel, nur flaches Feld. Keine Blume im Gras. Wie säh alles aus! Beton und Staub, und kein kühles Wasser. Wie kämen wir an! Ein Kopf ohne Gesicht. Wie die Gespenster. Wie die Sträflinge. — Wir können sie uns leisten. Die Anka, und Inge. *Zu Beier, vertraulich.* Inge gefällt mir nämlich auch. Ich sags dir. Daß du sie — geheiratest hast, war egoistisch.

BEIER: Das hab ich gemerkt, daß sie dir gefällt. Und du ihr auch.

LANZ *schnell:* Sagt sie das?

BEIER: Weiß nicht, ob sie noch mitkommt. Sie hat erst neu die Arbeit hier, Technologin und wieder fort, das wär hart. Erst kommt sie nur wegen mir her, aber dann hängt sie doch fest, ist immer so. Red du ihr doch zu!

LANZ: Was macht sie hier — daß es sie hält?

BEIER: Wills gar nicht wissen. So wichtig kanns nicht sein, daß sie nicht mit mir kommt. Das wär ja!

LAPPMANN: Na, und Anka! Die ist zu faul. Die kommt auch nicht mit!

MINK: Was wollt ihr mit den Fraun? Die können nicht arbeiten. Die versaun euch nur die Leistung.

Schweigen.

BEIER: Da sind wir vielleicht nicht so.

MEISTER *herbei, zu Beier:* Muß mit dem Mink reden. Qualifizierung.

BEIER: Da wartet der drauf.

MEISTER: Ich bring ihn vorwärts. *Stolpert in den Brettern.*

LANZ: Ja, einen Standpunkt brauchte man.

MEISTER *balanciert:* Den hab ich. — Hier ist Sozialismus, das ist, das ist: jeder nach seinen Fähigkeiten, jedem nach seiner Leistung. Haben Sie schon Fähigkeiten? Sie qualifizieren sich, gut. Und was dann? Faulbett. Denken ist die Bürgerpflicht!

LANZ: Ja, aber wir brauchen nicht nachdenken bei dir, nur hinterherdenken.

MINK: Die Meister schrein immer.

LANZ: Der nicht. Er schweigt. — Herr Neumann, also was war zuerst: das Denken oder das Sein?

MEISTER: Ja, Moment. Ja, das Sein.

LANZ: Ja, wenn man zuerst gedacht hätte, würde vieles anders sein. *Mink lacht.*

MEISTER: Das hat das Primat. Aber das Denken ist relativ selbständig.

LANZ: Das ist uns neu, Herr Neumann. Wir dürfen selbständig denken?

MEISTER *reckt die Arme, erfreut:* Zweite Seite der Grundfrage!

BEIER: Das ist eine neue Seite an dir, Herr Neumann.

LANZ: Wie ist denn das nun konkret!

MEISTER: Was.

LANZ: Was können wir denn denken?

MEISTER *läßt die Arme fallen:* Sie wollen mich hineinlegen!

Anka und andere Arbeiter bleiben stehn.

BEIER: Und, hast du den Plan erfahren? Was wir in Schwedt machen?

MEISTER: Was?

BEIER: Na ja.

MEISTER: Wolln Sie das schon wissen?

LANZ: Das ist doch nicht neu, Herr Neumann. Das ist doch alt, Herr Altmann.

LAPPMANN: Das ist nicht neu, Mann.

MEISTER *erfreut:* Das wollen Sie wirklich wissen?

BEIER: Würd mich ja selbst drum kümmern!

MEISTER: — Hm. Macht denn der mit? Qualifiziert er sich?

MINK: Ich?

MEISTER: Der?

MINK *zu lange zögernd, sieht dann Anka:* Mal sehn?

BEIER *zu Anka, herausfordernd:* Die Anka ist da anders. Die überlegt nicht lang, wenn sie was kann. Die macht das noch mit!

ANKA: — Ja?

Mink starrt Beier an.

MEISTER: Ich seh, da haben Sie erst mal viel Arbeit mit sich selbst.

MINK *wirr:* Anka? Was weißt du von Anka?

BEIER *verteidigt sich:* — Wenn du nur herumsitzen willst und blöd bleiben! Das gefällt keiner. Da kannst du wieder Leine ziehn.

MINK: Anka, sagst du.

ANKA *zu Beier:* Laß ihn sein! *Zu Mink* — Sieh mich nicht an!

LAPPMANN: Wir helfen dir, Mink. Industriebau. — Ich bin auch nicht schlau.

MINK *zu Anka:* Du hast etwas mit ihm!

ANKA: Ja.

MINK: Ja?

ANKA: Ich sags, ja! Gestern nacht. Das macht doch nichts. — *Wütend über sich.* Was wollt ihr von mir! Ach, laßt mich sein! *Läuft fort.*

MINK *zu sich, tonlos:* Ich kann ja wieder gehn. Dann ist hier Bahnhof.

6

Gaststätte. Arbeiter. Gelächter. Lappmann mit Mink herein, setzt ihn an einen freien Tisch.

LAPPMANN: Hier sind wir allein.

ALTER ARBEITER *betrunken:* Und aber, es geht weiter. Kollegen und Kollegen. Wieder wurde, einen Sieg, unverbrüchlich, über Raum und Zeit, also die Betonbrücken. In Heldenkampf ist es —, in zwei Jahren das Projekt, und zwar schon eine Fahrbahn. Trotz aller objektiven Schwierigkeiten subjektiven Charakters, als da sind Geld, Fehlschichten und die Technik, damit steigt die Möglichkeit des Verkehrs. — Steigt — die Möglichkeit des Verkehrs, was ist nun das? Hahaha! Hahaha! Ich versteh mich.

LANGER ARBEITER *zu Mink:* Trink mit, Genosse.

Mink sitzt unbeteiligt, schiebt das Bier weg.

ALTER ARBEITER: Obwohl wir müssen das Ding beim Schwanz —, es ist eine große Zeit und knapp Geld. — Nie war eine schönere Zeit, ja. Aber man soll die Rente erhöhn.

LANGER ARBEITER *zu Mink:* Bist du der saure Hering? Heb ich mir auf für morgen früh. — Oh, ein Fremdkörper. Willst du dich nicht

freun mit mir? Wir haben was getan. Wir haben hier ein steigen lassen, ein Schornstein, ein neben dem andern. Na also. *Zeigt zur Decke.* So hoch. Mensch! Aber der Mensch kann das. Das kann der Mensch. Und was noch. Immer mehr. Immer höher. Hoch! *Zieht Mink hoch.* Der Mensch leb hoch!
Alle lachen, stehn um ihn. Mink sackt auf den Stuhl.
— Laßt ihn, der hat was. — Du, dem gehts dreckig im Kopf.
Sie verstummen. Einer stellt seinen Schnaps vor Mink, setzen sich auf ihre Stühle.
MINK *trüb:* Sie gibts gleich zu! Anka!
LAPPMANN *behutsam:* Die, die ist nicht schön. Mir gefällt sie gar nicht. Die ist zu frei. — Die ist auch faul. — Die läßt sich nicht besitzen. Das ist hier anders als früher. Da ist einer machtlos.
MINK *trinkt:* Das hab ich nicht nötig, sie teilen. Ist bei mir nicht drin. *Lügt.* Dort, hatt ich eine ganz andre.
LAPPMANN: Ja.
MINK *laut:* Ich hatte drei.
LAPPMANN: Du?
MINK: Wie ich wollte. Ich hätte dort bleiben können, brauchte gar nicht hier. Ich machs nur so.
LAPPMANN: Warum denn?
MINK *lacht:* Ja, ich war einer! — Kein Handlanger! Geachtet! Die meisten Prämien! Anerkannt! Da hatt ich Freunde, wir haben Dinger gedreht! Das warn Leben! Da zeigt keiner auf dich!
LAPPMANN: — Ja, hier ists anders. Hier kannst du bleiben.
MINK *vor sich hin, trinkt:* Das macht doch nichts, sagt sie. Das macht doch nichts. Das macht doch nichts.
LAPPMANN: Ich helf dir. Trink. Das bring ich in Ordnung, mit ihr. Darauf dring ich. Versammlung.
MINK: Das macht nichts — *fällt auf den Tisch.*
LAPPMANN: Freundschaft — ist mehr als Liebe. Weiß nicht wie du bist, aber uns hier — kann nichts trennen.

7

Zimmer mit Fahnen. Kaderleiterin. Mink. Lappmann. Lanz, neben ihm Inge. Anka. Einige Frauen und Männer. Beier sitzt mürrisch abseits.

KADERLEITERIN: — und das Geschehn ... das geschehn ist ... und es wird verlangt, daß wir es behandeln —
LAPPMANN *nickt:* Ja.
KADERLEITERIN: Etwas ist also — und ein Fall, in den sich zwei verstrickten, ich will es nicht Liebe nennen, was ein Gefühl ist. Denn Liebe ... ist eine Herzenstatsache, und begründet in den Geboten ...

unsrer Moral. Liebe ist . . . das Gute im Menschen, das . . . keinem schadet, und am wenigsten einem andern! Was ist aber . . . das, worüber wir sprechen — was sie gemacht — was also geschehn, oder — was geschehn ist, dieses, aber doch zwischen zwei Menschen, ja ich will es aussprechen, *leise* zwischen Mann und Frau — *Unruhe.*

— das also verlangt unsre klare Meinung, die aus der Welt schafft, was uns nicht lieb ist, und die dem Guten hilft, dem Guten hilft. Das wollte ich sagen.

EINE FRAU *zu Mink:* Ja, du Guter.

EIN MANN *erhebt sich:* Es riecht nach Moder, nach Fäulnis, nach Verwesung — Ein Grund hat sich aufgetan, ein Loch — *Sieht Mink an.* Der arme Mann. Der arme Mann —

ZWEITE FRAU *dazwischen:* Wer wars denn nu!

ZWEITER MANN: Dann legt doch mal die Dinge auf den Tisch!

DRITTER MANN: Nun fragt nur noch, wie sies gemacht haben!

LANZ *springt auf:* So. Bernd — du bist mein Freund, aber ich — ich will ja nicht sagen — daß das weiter was ist! Oder hier wen angeht! Aber, wenn du allein wärst, und keine Frau — Das ist es — Aber es, und Inge gegenüber, also wegen Inge, und für Inge —
Inge sieht ihn an, er schweigt, setzt sich.

BEIER *kleinlaut:* Ja. Ja.

KADERLEITERIN: Anka, warum, warum hast du das gemacht.

ANKA: Ja. Ich liebe Bernd. Na, ich liebe Bernd.
Beier blickt überrascht auf. Inge steht langsam auf.
Er gefällt mir. Er weiß, was er will. Er ist gleich freundlich, und zieht mich nicht auf. — Ja, und weiß, was wichtig ist, und was man tun kann . . . Ich lieb ihn mehr als jeden.

INGE: Aber er ist doch mein Mann!

ANKA: Ja.

MINK *gepeinigt:* Ich, ich —

INGE: Was redest du denn da, vor allen!

ANKA: Ich sag immer alles. Das ist doch nicht schlecht.

INGE: Ich liebe ihn doch!

LAPPMANN *zur Kaderleiterin:* Hilft das dem Mink!

LANZ: Inge —

INGE: Ich liebe Bernd doch immer, und brauch ihn — und ging mit ihm mit, und wir gehören uns — Auch wenn ich hier bleibe!

ANKA: Ja, ja! Ich auch — Ich brauch ihn auch, wenn ers will —

KADERLEITERIN *aufgeregt:* Um Himmels willen — Sagt das nicht, sagt das nicht, ihr redet euch hinein! Es wird nur schlimmer!

LAPPMANN *laut, zeigt auf Mink:* Es geht doch darum, ihm zu helfen!

MINK: Was wollt ihr! *Auf, reißt den Stuhl um, läuft hinaus.*
EINE FRAU: Was hat er denn?
LAPPMANN: Er wills gar nicht!
KADERLEITERIN: — Aber es geht nicht mehr um Mink!
LANZ: Inge — *legt den Arm um sie.* Komm mit uns mit!

8

Ankas Zimmer. Anka. Beier.

BEIER *wütend:* Ich liebe dich gar nicht!
  Sie sitzt stumm.
  Ich liebe dich nicht!
  Sie sitzt stumm.
  Ich kann dich nicht ausstehn, ja! Wie du bist! Dir ist alles eins! Du
  willst nichts. Du bleibst hier! Du kannst nur — zerstören, was mir
  was ist, und denkst dir nichts!
  Sie sieht ihn an.
  Du liebst doch den Mink!
ANKA: Ja, ja —
BEIER: Das gibts ja gar nicht.
ANKA: Ja. — Ich denk mir nichts. Was das werden soll ... Was soll
  ich weiter denken? *Provozierend.* Verlieben, das ist noch ein Unglück.
  Da einer dem andern gehört, und keinem andern sonst. Das ist noch
  so. Gut, du liebst mich nicht. Dann kann ich das sagen, ich sags nur
  so ... Können wir nicht zusammengehören, alle, die zusammen sind?
  Und die reden und essen und sich ansehn, warum solls nicht mehr
  sein, hier? Hast dus nicht gesagt?
  Beier lacht.
  Müssen wir uns verachten und trennen, nur weil wir uns zu gut ver-
  stehn? *Plötzlich ernst.* Aber das geht nicht gut. Inge — Ich wollte
  nicht, daß sie traurig ist. Für dich, oder für mich, gehts nicht gut ...
  Nein, nicht für dich. Geh. — Ach, geh doch!
  Beier steht, sieht sie an.
  Nein, geh nicht! Geh nicht, bleib! Bleib!
BEIER: Was — was sagst du? Anka — *Für sich.* Ich muß sie nur ansehn,
  ja, sie ist schön ... sie ist ganz anders. — Ich liebe sie. Ich liebe sie.
  Geht hinaus. Sie hält die Hände vors Gesicht.

9

Bahnstation. Abend.

MINK *geht auf und ab:* Das könnt gut sein, hier. Die wollen mich ...
  Aber sie, sie — Und alle hängen an mir, wie Kletten. Alle kümmern
  sich um mich, ich hab keine Ruhe. Alle wollen vorwärts und vorwärts

und lassen eim keine Ruhe. — *Gehetzt.* Immer alle. Alle alles! Und
ich? — Ich will was allein haben! — *Steht.* Bin ich nichts? mit dem sie
zufrieden wär? Ist nicht alles dran an mir? — Kann ein Mensch nicht
ein andern haben? Wie sich selbst? Ich gäb auch was dafür, ich! —
Steht geduckt. Der Bahnhof. Wie komm ich hierher? — Immer das
Gleis, und der Himmel drückt herab, und Nacht. — Was steht hier?
Liest am Fahrplan. Ist nirgendhin weit. Man kann immer fort.

10

Gefällte Bäume. Inge. Lanz.

LANZ: Bleib noch. Soll er dich suchen.

    Schweigen.

INGE: Wie die Stadt leuchtet! Den Hang herauf.

LANZ: Hier ist bald kein Fleck mehr für zwei.

INGE: Aber dafür vier Wände.

LANZ: Hier lebt bald jeder allein, in seinem Schubfach.

INGE: Oder zu zwein.

LANZ: Ja, zu zwein allein.

    Schweigen.

INGE: Was die Leute laufen! Lustig, wie Kinder.

LANZ: Die selben Straßen immer. Das ist lustig. Wer lacht? Sie können
nicht mehr raus. Gebunden an eine Stelle, und abgefunden. Mit den
Füßen im Beton, mit Kind und Kegel. Das sind die Leute dort.

INGE: Wir sind nicht so.

LANZ: Wie lange? — Nur fort hier. Nur weiter, weiter.

INGE: Ich kanns nicht mehr, immer weiter, ihm zuliebe, und mich ein-
arbeiten im Betrieb, und wieder aufhörn. Dreimal. Und ich? Was der
denkt! — Wenn man nicht etwas richtig macht, und dableibt! Soll
denn die Arbeit umsonst sein, und vorbei?

LANZ: Geht alles vorbei! Wenns nur für di ch nicht umsonst war, mit
di r nicht vorbei ist ... Vieles ist bald nichts mehr, oder viele, aber
was in dir bleibt, was es aus dir macht, das bleibt dir. Wie sollte man
sonst wegkommen über alles, das vergeht? Wozu sonst was anfangen?
Und auch mit einem Menschen, mit dem liebsten Menschen kanns
dir geschehn — möchtst du dann, alles soll ungeschehn sein?

INGE:— Ich hab ihn gern, aber es fehlt etwas, er verlangt zu viel ...
Dann streiten wir uns, und ich bin ungerecht ... Ich möcht ein
Kind — aber wir warten, daß ich noch mitkann, immer. Alle s schaff
ich nicht. — Dann hab ich Sehnsucht nach irgendwas, ich weiß nicht
was. Dann werd ich traurig. — Du hörst mir ja zu?

LANZ: Ja und?

INGE: Ich mein nur. — Ich kanns ihm nicht sagen.

LANZ: Er hilft dir doch. Er ja. Es ist alles Arbeit. — Sag nichts gegen ihn!

INGE: Irgendwas, das Wichtigste, kommt zu kurz.

Schweigen.

LANZ *die Worte suchend:* Ja. Eins muß bleiben, etwas, ohne das ists nichts. Das Eigentliche, wovon man lebt. Was wir mit uns selbst machen, und leben. Leben muß man.

INGE *lacht:* Du hast gar nicht recht: mit gebunden, oder abgefunden . . . Bin ich allein?

LANZ: Nein.

Sehn sich an.

BEIER *abgehetzt heran:* Inge —

INGE *kalt:* Ja?

BEIER: Verzeih mir —

INGE *zögernd:* Ja.

BEIER: Ich wills nicht mehr tun.

INGE: Du kannst tun was du willst.

BEIER: Könn wir nicht.

INGE *langsam:* Jeder kanns, wenn ers kann.

BEIER: Das denkst du?

INGE: Weiß ich?

BEIER: Was willst du? — Was ist?

INGE: Weiß ich?

Sie geht. Dann Lanz.

11

Zimmer. Nacht. Lappmann schläft. Mink richtet sich auf, lacht laut.

LAPPMANN *fährt hoch:* Hannes, gehts los? Gehts los?

MINK: Und wenn ich wieder weggeh?

LAPPMANN *ist wach:* Du? Was?

MINK: — Ich hab sie geliebt.

LAPPMANN: Was? Weg?

MINK: Was brauch ich noch!

LAPPMANN: Du? Weg? *Lacht laut.*

MINK *fällt zurück:* Nein, ist Unsinn, weg. Das denk ich nur. Weißt du, sonst, hatt ich gar kein. Kein Freund. War nicht wahr. Ich hatte nur Pech. Ich habs nie so erlebt, daß was wurde. Das war nie so ne Truppe. Hab mir auch nichts getraut.

LAPPMANN: Ja. *Schläft ein.*

MINK: Du, Lapp, bei euch rum ists schon gut. Das wollt ich mal sagen. — Das ist fast — *Schläft ein.*

12

Die Baustelle. Abriß der Bude. Beier. Lanz. Lappmann. Mink. Abseits Anka.

MEISTER *heran:* Beeilung! Beeilung!

BEIER: Jetzt kommst du, wenn wir gehn. Sind das die Pläne?

MEISTER: Sie wolln sie wirklich sehn?
  Rollt Blätter auf. Beier, Lanz, Lappmann zu ihm.

LANZ: Ich seh nichts.

MEISTER: Ja, Zeichnung lesen. Das müssen Sie lernen! — Gleitbau.
  Betonierer, Zimmerer, Eisenflechter, Schweißer, Hydrauliker —
  eine Mannschaft. Als Schalungen — transportable Rüstungen, von
  Etage zu Etage umgesetzt. Das ganze als Taktstraße, und innerhalb
  des Zyklogramms.

LAPPMANN: Mensch!

LANZ: Dafür ließ er uns lernen!

BEIER: Ja, und . . . kriegen wir so ein Objekt, in eigne Leitung?

MEISTER: Was? Eigne Leitung? — Ihr spinnt ja.

BEIER: Na, ein Objekt?

LANZ: Ja — *zitiert.* Die Menschen sind nicht soweit.

BEIER: Ja, man hats schwer, Herr Altmann.

MEISTER: Was! Was! Alle drücken sich — ihr wollt es?

LAPPMANN: Es ist nicht so einfach, wenn man es doppelt nimmt.

MEISTER: So können Sie nicht reden!

LANZ: Gut, singen wir.
  Der Neumann, der Neumann
  Der macht jetzt alles neu, Mann —

LAPPMANN: Sonst wird es ihn noch reun, dann . . .

LANZ, LAPPMANN, BEIER: Herr Neumann, fang neu an —

MEISTER *sitzt, zerknirscht:* Was wollt ihr denn.
  Sie verstummen.

LAPPMANN: Wir meins ja nicht so.

LANZ: Entschuldige.

BEIER: Wir verlangen nur — ein Objekt, und Objektlohn, im neuen
  Betrieb.

MEISTER: Ah, sagen sie das alle? Das will ich hören.

LANZ: Ja.

LAPPMANN: Ja.

LANZ *zu Mink:* Sag ihm was!

MINK: — Ja.

MEISTER: — Er, er muß zurück. Das mußte geklärt werden, leider
  Unterschlagungen.

MINK: — Nein!

Anka heran, neben ihn. Er schweigt.

ANKA: — Dann, wir wollen, daß er bleibt. Wir bürgen für ihn. Und helfen ihm.

Mink sieht Anka an, dann Beier, dann Anka, dann wieder Beier.

MEISTER: Hm. Wenn das geht?

ANKA: Ja!

BEIER: Ja. Anka.

Mink fällt über Beier her, rasend, schlägt ihn nieder. Beier wehrt sich nicht, sieht Mink verwundert an.

MEISTER *zu Beier:* Ja, schlag doch zurück! Ja, schlag doch!

Mink davon. Beier sieht ihm nach.

13

Platz. Viele Arbeiter. Ein Bauleiter auf dem Podest.

EIN ARBEITER: Reden, immer dasselbe.

ANDRER ARBEITER: Aber mit solchen Reden — macht manches wieder gut.

DRITTER ARBEITER: Reden sind bloß Reden.

BAULEITER: Freunde. Als wir herkamen, war hier Heide und Sand. Was konnte einer? Der sackte in einen Graben, der fiel ins Bier, der spuckte Staub. Er konnte nichts. Dann kamen wir langsam zusammen, über den Schlamm weg und Beton. Als der erste Schornstein rauchte, standen wir hier, mancher mit Tränen in Augen. Und Kälte und die Sommer. Aber die meisten blieben, dann kamen noch Jahre. Wenn einer fragt: wie der Erfolg? Das Geheimnis, sag ich, unser Geheimnis war die Gemeinschaft. Die kaufte uns keiner ab, die war mehr als Patente. Die konnt man nur selber lernen. Die nehmen wir mit von Bau zu Bau. — Das die Fabrik. Das ist unser und allen.

Beifall.

Freundschaft.

Blasmusik. Die Arbeiter laufen durcheinander.

MINK *an Anka heran:* Also, ich fahr wieder los.

ANKA: Hannes?

MINK: Dort lang ist der Bahnhof.

ANKA: Hannes?

MINK: — Du kannst nichts dafür. Du bist so.

ANKA: — Ich will dich doch!

MINK: Ja, auch.

ANKA *erstarrt:* Wenn du gehst, das wär ganz schlimm.

MINK *fest:* Ja. — Es geht dort lang.

Sieht sie kalt an, stürzt dann fort. Anka lacht stumm auf.

ANKA: Hau ab, du Gespenst!
Die Arbeiter sind davon. Sie steht, zusammengesunken.

14

Die Baustelle. Abend. Beier und Lappmann lesen langsam letzte Bretter zusammen. Nach einer Weile klettert Beier auf einen Stapel, raucht.
LAPPMANN *singt dann:*
  Es ging ein Freund vor des andern Haus.
  Er rief des andern Frau heraus.
  Sie gingen wohl miteinander fort.
  Sie kamen an eine Hasel dort.
  Sie kamen ein Fleckchen weiter hin.
  Sie kamen auf eine Wiese grün.
BEIER: Gutes Lied. — Wo ist Lanz?
  Lappmann setzt sich auf einen andern Stapel. Die Sonne geht unter.
LAPPMANN: Und Inge — kommt sie nun mit?
BEIER: Ich glaube.
LAPPMANN: Hast du sie nicht gefragt?
BEIER: Jetzt, sie kanns selbst sagen.
LAPPMANN: — Jetzt ists hier am schönsten.
BEIER: Am schönsten ist, wenn wir gehn.
  Schweigen.
  Der Mink ist fort.
LAPPMANN: *erschrickt, dann* — So.
BEIER: Wohin.
LAPPMANN: — So.
BEIER: Der ist dumm.
LAPPMANN: — So.
BEIER *laut:* Der Fisch an Land! Jetzt taucht er unter.
FAHRER *mit einem Lkw heran, lädt Bretter auf:* Also, morgen gehts fort.
LAPPMANN *zu Beier:* — So. Ja. *Schreit wirr.* Wir helfen und helfen, aber
  gehn gar nicht auf ihn ein! Wolln ihn zu einem guten — Durchschnitt
  zurechtschnitzen, und lassen gar nicht . . . was er selbst kann . . . aus
  ihm raus! Wie er selber ist, oder sein kann — Und helfen, helfen, ihm
  wohl? Lassen gar nicht . . . seine Natur . . . bilden; wozu! Scheiße!
  Was sind wir für Freunde? Friedensfreunde.
BEIER: Ralf — Was redest du denn!
LAPPMANN: Du bist schuld. Daß er fort ist! Weil du die Anka hast!
BEIER: — Anka, die sind wir auch los! Die kommt auch nicht mit . . .
LAPPMANN: Mit dir, will ich nichts mehr! Das ist vorbei. Mit euch,
  geh ich auch nicht! Ja. Ich nicht. *Läuft fort.*
FAHRER *kommt nach vorn, sieht Beier an:* — Ich wollts nicht sagen, sag mal,

du, deine Frau, die Inge — geht die jetzt mit Lanz? Ich sah sie am Wäldchen, vorhin —

Beier lacht laut, ungläubig.

Da, ja, fahr mit!

Beier verstummt, rennt zum Lkw, fährt los. Der Fahrer bleibt stehn.

Bei denen, ists aus. Die sind ganz auseinander. — Da geht keiner von mit. Das geht nicht mehr. Schade. — Mann, Idiot, meine Kalesche!

15

Landstraße. Beier mit dem Lkw heran, hält. Im Scheinwerferlicht Lanz und Inge, stehn umschlungen auf der Fahrbahn.

BEIER *nach einer Weile, schreit:* Macht Platz!

Läßt den Motor an. Sie lassen sich nicht stören.

Macht Platz!!

Sie lassen sich nicht stören. Brüllt rasend, springt dann aus dem Lkw, steht vor den beiden. Sie lassen sich nicht stören.

16

Der Platz. Früher Morgen. Im Dunst undeutlich eine große Gruppe Arbeiter. Schweigen. Die Kaderleiterin kommt mit Listen.

KADERLEITERIN: Schmidt, Reiner.

SCHMIDT: Ja.

KADERLEITERIN: Sommer, Karl.

SOMMER: Hier.

KADERLEITERIN: Belloni.

BELLONI: Ja.

KADERLEITERIN: Zahl, Sieglinde.

ZAHL: Hier.

KADERLEITERIN: Heuer, Peter.

HEUER: Hier.

KADERLEITERIN: Philipp, Monika.

PHILIPP: Hä.

KADERLEITERIN: Steidel, Klaus.

STEIDEL: He.

KADERLEITERIN: Müller —

MÜLLER: Otto, hier.

Die Aufgerufenen treten aus der Gruppe, die sich so auflöst.

KADERLEITERIN: Beier, Bernd.

Schweigen.

Beier, Bernd.

BEIER: Ja.

KADERLEITERIN: Lappmann, Ralf. — Lappmann.

LAPPMANN: Ja.

KADERLEITERIN: Lanz, Hans.

LANZ: Ja.

KADERLEITERIN: Wendelin, Anka.

ANKA: Ja.

KADERLEITERIN: Beier, Inge.

Schweigen.

Inge —

INGE: Ja.

Die Kaderleiterin geht zum Rest der Gruppe, ruft weiter auf. Hinten wird es hell, stehn dunkel im Gegenlicht.

LAPPMANN: — Aber was soll draus werden — Wenn ihr alle geht? *Das geht nicht —*

Beier, Lanz, Inge, Anka stehn schweigend.

MEISTER *von hinten.* Wo bleiben die Fahrzeuge?

EIN ARBEITER *lacht.* Wir haben es eilig — fortzukommen!

MEISTER: Ich komm aber mit.

ZWEITER ARBEITER: Jetzt geht das weiter. Der hört nicht auf!

MEISTER: Jetzt, da wir uns kennen — Ich wär ja dumm.

DRITTER ARBEITER: Ja, du kennst uns jetzt.

MEISTER: Aus Ihnen — mach ich was.

DRITTER ARBEITER: Fragt sich nur was.

KADERLEITERIN: Mink, Hannes. — Ja, Mink! — *Schreit* Mink! — Er ist nicht —

Hinten laut die Fahrzeuge.

ERSTER ARBEITER: Es geht los!

Lautes Hallo.

LAPPMANN: Sie gehen alle —.

Alle brechen auf.

An manchen Tagen hört man Seufzer in der Stadt. Männer fassen nach ihren Bandscheiben, Frauen verdrehen das Schultergelenk. Das kommt davon, weil sie zu ausdauernd ungewohnte Arbeit verrichtet haben, für den eigenen Bedarf. Was ist geschehen?

Der aufmerksame Leser stößt immer häufiger auf eine Bemerkung, die es in sich hat in den lokalen Blättern. Also, zum Beispiel, jemand bietet seine Kenntnisse an, um bei jemandem den Gartenweg zu pflastern, einen Schwimmpool anzulegen, ein Dach zu teeren, aus Leder einen Anzug zu nageln.

An manchen Tagen hört man frohe Schreie in der Stadt. Männer und Frauen fassen sich bei den Händen. Sie haben gelesen, daß jemand ihnen eine Tür anfertigen will, eine Wasserleitung installieren, eine Badewanne kacheln. Sie haben eine Zusage auf einen Wunsch entdeckt.

Doch es steht in solchen Angeboten der Zusatz, der keiner ist, sondern eine Einschränkung: „Fertige aus Ihrem Material . . .“ Manche Menschen, wenn sie Teile eines Badeteiches oder Doppelfensters bei sich herumliegen hätten, würden nicht zögern, sie zu einem Ganzen zu fügen. Aber eben nur manche können das, nicht alle.

Daher die Seufzer in der Stadt. Die Steine wollen mehrmals umgeladen sein. Materialbeschaffung ist nicht einfach. Noch nie hat jemand in einer Anzeige lesen können: „Ich fertige Ihnen das Material“ oder „Ich bringe alles mit“.

Wer am Wochenende durch die Vorstadtstraßen geht, durch die sogenannten Randgebiete, sieht die häuslichen Betonmischer sich drehen, hört die Mühlen des 20. Jahrhunderts schon früh um sieben. Ein fleißiges Volk ist beizeiten aufgestanden und will tätig sein. Es wäre noch mehr los, es würde noch mehr fertig, reichte überall das Material.

An manchen Tagen hört man gar nichts in der Stadt. Da wird das Material beschafft. An anderen Tagen hört man, daß es Material gegeben hat.

Wenn wir einen großen Zauberer hätten — leider, haben wir nur Zauberlehrlinge —, also, wenn wir einen großen Zauberer hätten und er einen guten Tag, dann würde er zum Spaß überall dasjenige Material verschwinden lassen, das zuvor irgendwo verschwunden ist. Manches Sommerhaus, auch Datsche genannt, würde mit großem Kladderadatsch in sich zusammenbrechen oder sich in Luft auflösen, zöge ein Zauberer zum Spaß den volkseigenen Zement heraus, die staatlichen Steine. Da läßt

der Teich sein Wasser ab, da wackelt der Putz. Nur der Stuhl wackelt
nicht, weil wir als Materialisten wissen, daß es gar keine Zauberer gibt.
Beschwerden werden nicht entgegengenommen. Ich habe lediglich diese
Sätze angefertigt. Aus Ihrem Material.

Kurt Bartsch
Der Fluß   37

Am Ufer ein Drahtzaun, der die Fabrik zum Wasser hin abschirmen soll.
Im Zaun ein Loch, wozu gibt es Drahtscheren. Wir haben ein Loch in
den Zaun geschnitten, damit wir vor Schichtwechsel schnell an das Fluß-
ufer gelangen. Unbemerkt, versteht sich. Der Mann vom Betriebsschutz
hat schlechte Augen, seit wir ihm hin und wieder eine Kleinigkeit zukommen lassen. Er ist, wie der Fluß, ein stilles Wasser. Stille Wasser
sind tief. Wenn wir am Morgen den Ausschuß versenken, den wir nachts
produziert haben, dreht er uns höflich den Rücken zu. Er verdeckt das
Loch im Zaun und paßt auf, daß wir nicht beobachtet werden. Er hat
gute Augen, seit wir ihm hin und wieder eine Kleinigkeit zukommen
lassen. *Jeder liefert jedem Qualität.* Er weiß, daß wir keinen Dreck pro-
duzieren dürfen, wenn wir den Qualitätsplan erfüllen und am Monats-
ende auf unser Geld kommen wollen.
Wir verdienen nicht schlecht.
Seit wir den Ausschuß im Fluß versenken, kommt auch der Mann vom
Betriebsschutz auf seine Kosten. Er spart, er will sich ein Grundstück
am Wasser kaufen. Das ist leichtfertig von ihm. Wenn wir noch zwei,
drei Jahre so weitermachen, steigt der Fluß garantiert über die Ufer.

Junge Generation

Wie ich ging
Zögernd erst,
mehr witternd
alles wissend,
ging ich durch die wunde Stadt.
Nicht leicht,
nicht angenehm war der Weg.
Die Brust voller Zweifel,
wetzte ich mir die Finger wund
am Schutt geborstner Häuser.
Im Kopf trug ich Dämmerung
und an den Füßen Lumpen.
Abends saßen viele Ichs
mit leeren Mägen
in öden Räumen
und träumten Zukunft.
Nachts gingen die Gedanken
zu den Toten.
Doch mit den stürzenden Ruinen
rissen wir die Nacht
aus unseren Gehirnen
und wurden Wir.[1]

Rudi Benzien

Christa Löhn, Oberschule Landsberg, Bezirk Halle
Der Brigadier übergibt das Zeugnis   38

Wir haben an unserer Schule in Landsberg erreicht, daß alle 26 Klassen
einen Patenschaftsvertrag abgeschlossen haben. Das war zunächst keine
leichte Arbeit. Die Betriebe haben nicht etwa gerufen: „Hurra, jetzt
kommt die Schule", doch mit tatkräftiger Unterstützung der Partei-
gruppen der Betriebe gelang es schließlich. Ein Betriebsparteisekretär
sagte neulich: „Eigentlich ist unsere Schule ein Faß ohne Boden." Da
er aber „unsere" Schule gesagt hat, nehmen wir ihm das nicht übel.
Richtige Patenbeziehungen bringen natürlich auch bei der Lösung von
Problemen Konflikte mit sich. Unsere Schüler brauchen nicht schlechthin einen guten Patenonkel, der ab und zu etwas springen läßt — natür-

---

[1] In: auswahl 66. Neue Lyrik — Neue Namen. Auswahl besorgt von Bernd Jentzsch
und Klaus-Dieter Sommer, Verlag Neues Leben, Berlin (Ost) 1966, S. 120.

lich nimmt die Schule alles —, sondern man muß sich beiderseits um sozialistische Patenschaftsbeziehungen bemühen. Die Patenschaftsarbeit soll ja in erster Linie helfen, das sozialistische Bildungs- und Erziehungsziel durchzusetzen. Einen Patenschaftsvertrag abzuschließen ist verhältnismäßig leicht, schwerer ist es, diesen Vertrag mit wirklichem Leben zu erfüllen. Das haben wir noch nicht mit allen Klassen erreicht, aber wir bemühen uns intensiv darum, alle und damit auch das Ganze in den Griff zu bekommen.

In diesem Zusammenhang möchte ich von einigen Beispielen berichten, die bestätigen, wie wir durch enge Zusammenarbeit aller gesellschaftlichen Kräfte zum Erfolg kamen:

In den meisten Klassen werden die Zeugnisse nicht mehr im Klassenraum der Schule, sondern im Patenbetrieb ausgegeben. Die Vorsitzenden der Brigaden machten das sehr feierlich, sie fanden die passenden Worte für jeden Schüler, nachdem sie sich vorher mit dem Lehrer abgestimmt hatten. Das ist für uns nicht nur eine Formsache, sondern hier spüren die Schüler den Anteil der Arbeiterklasse an ihrer Entwicklung. Ich will damit nicht sagen, daß so die Zeugnisausgabe immer und überall vor sich gehen müßte. Empfangen die Schüler ihre Zeugnisse aus der Hand des Lehrers, so ist das unbestreitbar ein wichtiges Erziehungsmoment. Aber nicht wenige Lehrer benutzen die Zeugnisausgabe als einen Trumpf, mit dem sie den Schüler stechen wollen. Eben damit wollen wir Schluß machen. Unsere Meinung ist, daß der Ältere — ob nun ein Lehrer oder jemand anderes — keinen Schüler kränken oder beleidigen, auch nicht vor seinen Mitschülern bloßstellen darf, weil das mit unseren sozialistischen Erziehungsprinzipien unvereinbar ist.

Bei der Ausgabe der Zeugnisse der 10. Klassen — anschließend ist gewöhnlich ein Abschlußball — würdigen wir nicht nur die Schülerleistungen, sondern auch den Anteil der Eltern, deren Kinder ihre Prüfung mit dem Prädikat „sehr gut" oder „ausgezeichnet" bestanden haben. Die Eltern werden mit einem Blumenpräsent geehrt. Doch nicht nur das. Wir schrieben auch an die Betriebe der betreffenden Mütter und Väter, und in den meisten Fällen wurden die Eltern durch den Betrieb ebenfalls in irgendeiner Form belobigt. In gleicher Weise danken wir auch den ständig arbeitsfreudigen Mitgliedern des Elternaktivs. Bevor es aber dazu kommt, gilt es, die 10. Klassen auf ihre Prüfungen vorzubereiten. Bei uns an der Schule gab es im letzten Schuljahr einen Rückschlag in den Abschlußergebnissen der 10. Klassen gegenüber anderen Jahren. Partei- und Schulleitungen machten sich mit den Fachlehrern ernsthafte Gedanken, wie Rückschläge künftig zu vermeiden sind. Außer einer verbesserten Qualität des Unterrichts und gründlicheren Prüfungsvorbereitung fanden bereits wenige Wochen nach Beginn des Schuljahres Aussprachen der Klassen- und Fachlehrer der 10. Klassen unter Leitung von Partei- und Schulleitung statt. Hier schätzten die Kollegen den gegenwärtigen Leistungsstand und die für jeden Schüler mögliche Leistungssteigerung ein. Mit jedem Mädchen und Jungen wurde danach ein persönliches Gespräch geführt. Nicht wenige Schüler sagten von sich aus, daß sie in diesem oder jenem Fach durchaus noch Besseres bringen könnten.

In bestimmten Zeitabständen informieren wir uns über die erreichten Ergebnisse. „Treffpunkt Parteisekretär" und „Treffpunkt Direktor" sind bei uns also für die Schüler zur guten Tradition geworden. Ich will damit sagen, wie wichtig es uns erscheint, daß den Jugendlichen sehr zeitig ihre Möglichkeiten zur Leistungssteigerung gezeigt, daß sie angespornt werden.

Das waren nur einige Beispiele von vielen, die sichtbar machen sollten, wie wir unseren Klassenauftrag verstehen. Ich behaupte nicht, daß das der Weisheit letzter Schluß ist. Die Partei wird uns immer wieder neue Maßstäbe setzen, und wir werden versprechen, sie in Ehren zu erfüllen.

Horst Salomon
„Man muß ihn in nützliche Bahnen lenken, sonst verplempern wir den Menschen" 39

Harald Schmieder, der Lorbaß (umgangsspr. für Lausejunge), ein Abiturient, der nicht zum Studium zugelassen ist und zunächst in einer Brigade arbeitet, hat ohne Erlaubnis einen Bagger bestiegen und zu Bruch gefahren. Die Betriebsleitung übergibt die Angelegenheit dem Gericht; der Staatsanwalt jedoch, der die gestörte psychische Lage des Lorbaß erkennt, gibt den Fall an die Konfliktkommission des Betriebs. Dies ist eine DDR-spezifische Einrichtung, die kleinere Vergehen innerbetrieblich zu regeln sucht.

Die Szene spielt in der Konfliktkommission, in der neben ihrem Leiter (Hirsch) zwei Arbeiter sitzen (Schellfisch und der Baggerführer Wägner), ein Lehrling (Margrit), der FDJ-Sekretär (Guttmann), ein Vertreter der Verwaltung (Pomuchel) und schließlich der Staatsanwalt Kowalski.

6. Szene

WÄGNER: Und jetzt?

KOWALSKI: Auf eure Empfehlung hat die Betriebsleitung die Angelegenheit Schmieder dem Kreisgericht übergeben. Ich bitte euch nun, diese Empfehlung zu überprüfen.

WÄGNER: Ohne Vorurteile läge die Sache bereits bei den Akten.

KOWALSKI: Die Akte vielleicht. Nicht die Sache.

LORBASS: An wieviel Sitzungen muß ich noch teilnehmen? Entscheidet endlich. Ich will wissen, was gehauen und gestochen ist.

MARGRIT: Stimmen wir noch mal ab.

HIRSCH: Frage: Behält der Beschluß Empfehlung an die Betriebsleitung zur Übergabe des Falles Schmieder an das Kreisgericht Gültigkeit, oder erklären wir uns für zuständig, die Sache selbst ins reine zu bringen? Wer für die Aufrechterhaltung des alten Beschlusses ist, den bitte ich um das Handzeichen.

Pomuchel hebt seinen Arm halb hoch, schaut sich um und nimmt ihn schnell wieder herunter.

Nun, Kollege Pomuchel, dafür oder dagegen?

Pomuchel winkt ab.

MARGRIT: War nur Training.

SCHELLFISCH: Eine Reflexbewegung. Die Nerven.

HIRSCH: Wer ist dafür, daß wir den Fall zurücknehmen und selber klären? Ich bitte um Handzeichen.

Alle fünf Kommissionsmitglieder heben den Arm.

Stelle fest: einstimmig. Nun liegt die Verantwortung allein bei uns. Was machen wir mit Kollegen Schmieder?

POMUCHEL: Erziehen.

HIRSCH: Was?

POMUCHEL: Erziehen.

MARGRIT: Er müßte in ein gutes Kollektiv kommen.

WÄGNER: Man muß sich mehr um ihn kümmern.

HIRSCH: Ihr laßt euch allerhand einfallen. *Zu Madeleine* Ich will einwandfreies Protokoll sehen. *Danach.* Also weitere Vorschläge ...

POMUCHEL: Kollege Schmieder hat Abitur. Was kostet dem Staat die Ausbildung eines Schülers bis zum Abitur? Eine horrende Summe. Wenn es gewünscht wird, ich könnte es genau berechnen.

HIRSCH: Danke. Danke.

POMUCHEL: Beschäftigen wir einen Menschen unter seinen Fähigkeiten, unter dem, was seine Ausbildung gekostet hat, verplempern wir Geld.

GUTTMANN: Man muß ihn in nützliche Bahnen lenken, sonst verplempern wir den Menschen.

MARGRIT: Er müßte eine ganz große Aufgabe bekommen, die ihn ganz und gar in Anspruch nimmt.

SCHELLFISCH: Stoß kein Bier um, Mädchen.

HIRSCH: Müßte, würde, könnte ... *An alle.* Ich warte noch immer auf Vorschläge.

Schweigen.

LORBASS: Sagt mir, welche Strafe ich bekomme, und gut.

HIRSCH: Wir bestrafen hier nicht, wir ...

POMUCHEL: ... erziehen.

HIRSCH *wirft Pomuchel einen vernichtenden Blick zu. Dann zu Lorbaß:* Du
mußt Vorstellungen von deiner Zukunft haben.

LORBASS: Im nächsten Jahr werde ich Soldat auf Zeit. Bis dahin will
ich hierbleiben. Aber den Schmiermax spiele ich nicht länger. Ich
will was Interessantes. Das mit dem Bagger war natürlich blöd. Mehr
kann ich dazu nicht sagen. Ich hatte mir alles anders ausgedacht. Ich
hab den falschen Gang erwischt.

GUTTMANN: Und stand der Bagger in der Gefahrenzone oder nicht?

HIRSCH: Das klären wir noch mit Bauer. Ich schlage vor: *Zu Lorbaß* Du
qualifizierst dich im Betrieb. Wir schicken dich auch noch zur Be-
triebsakademie. Dann hätten wir das Technische Kabinett. Da
machst du auch mit.

KOWALSKI: Dann gehst du noch zur Volkshochschule und lernst Grie-
chisch. *Zu Hirsch.* Helft dem Jungen nicht gleich so, daß er in drei
Monaten in einem Nervensanatorium landet.

HIRSCH: Ich schlage also vor: Harald Schmieder besucht einen Quali-
fizierungslehrgang. *Krault sich den Kopf.*

LORBASS: Ja. Als was?

HIRSCH *stutzt:* Ja, als was?

WÄGNER: Als Baggerfahrer.

POMUCHEL: Nein! Dann soll die Grundmittel verwalten, wer will.

HIRSCH: . . . als was — beraten wir später. Wir empfehlen der Betriebsleitung, mit Kollegen Schmieder seine fachliche Zielsetzung schnell-
stens zu beraten und festzulegen.

GUTTMANN: Und weiter empfehlen wir der Betriebsleitung, ihren
Kaderentwicklungsplan in Ordnung zu bringen, vor allem, was die
Jugendlichen angeht.

HIRSCH: Einverstanden. Wer für diese Vorschläge ist, den bitte ich um
das Handzeichen.

Sie heben alle fünf die Hand.

Einstimmig.

POMUCHEL: Bleibt immer noch der Sachschaden.

WÄGNER: Ich schlage vor, dem Kollegen Schmieder wegen seines ver-
antwortungslosen . . . *Zu Madeleine* Formulieren wir lieber so: . . .
wegen unüberlegten, leichtsinnigen Handelns eine Rüge auszusprechen.

HIRSCH: Auch klar . . . Wer für diesen Antrag ist, den bitte ich um das
Handzeichen.

Alle fünf Kommissionsmitglieder heben den Arm.

POMUCHEL: Bleibt immer noch der Sachschaden.

MARGRIT: Soll der Lorbaß Aufbaustunden leisten. Er ist nicht verheiratet. Er hat Zeit.

POMUCHEL: Für fünfzig Mark Sachschaden jeweils eine Aufbaustunde. Das ist wohl angemessen.

WÄGNER: Für hundert Mark eine Stunde.

POMUCHEL: Ergibt vierhundert Stunden.

SCHELLFISCH: Ungenau. Wie Sie Buchhalter geworden sind, möchte ich wissen. 40101 M und 23 Pfennige ergeben ...

HIRSCH: Schluß. Dreihundert Stunden schlage ich vor. Wer dafür ist, daß Kollege Schmieder ...

KOWALSKI: Stop, stop ...

HIRSCH: Klar. Darüber können wir nicht beschließen. *Zu Lorbaß* Was hältst du von dem Vorschlag Aufbaustunden, Kollege Schmieder?

LORBASS: Ich leiste vierhundert.

HIRSCH: Gut. *Schaut sich fragend um.* Gibt es noch etwas? *Zu Lorbaß* Dir ist eine Rüge erteilt worden. Du hast das Recht ...

LORBASS: Ich bin einverstanden.

HIRSCH: Gut. Damit ist die Sitzung beendet.

Vorhang.

Hermann Kant
„Kampf um Vera Bilfert, Schneiderin"   40

Der Roman „Die Aula" ist ein breites Gemälde der inneren Entwicklung der DDR in den 50er und frühen 60er Jahren, dargestellt an einigen Studenten und Studentinnen der ABF Greifswald. Im Mittelpunkt stehen Robert Iswall und einige seiner Mitkommilitonen, die alle 1952 dort ihr Abitur machen. 10 Jahre danach rekonstruiert Iswall die Vorgänge, die damals zu der von der Partei herbeigeführten Ehe des ABF-Absolventen Gerd Trullesand, Iswalls Freund, mit der ABF-Absolventin Rose Paal geführt haben; Robert Iswall ist daran nicht unbeteiligt gewesen.

Und Trullesand? Kommt er zurecht mit seiner Frau, die er politischer Notwendigkeit verdankt und der List Robert Iswalls? Oder denkt er immer noch an Vera Bilfert?[2] Denkt der Sinologe Doktor Gerd Trullesand an Vera Bilfert, die einmal Schneiderin war und jetzt Augenärztin und auch Doktor ist? Hat er an sie gedacht in sieben heißen Sommern in Peking und Shanghai? War er bei ihr, während er mit dem Mädchen Dieunddie an die Große Mauer fuhr, über die Gobi flog oder das Flußmeer Huangho überquerte? Und wie hat er an Robert Iswall gedacht? Das wenigstens ist klar: Er hat zumindest nicht in Freundschaft an ihn gedacht. Er hat nie geschrieben, und vor dem Abflug damals hat nicht mehr der Zimmermann Trullesand zum Elektriker Iswall gesprochen, nicht mehr Gerd zu Robert, nicht mehr

---

[2] Robert Iswall hat Vera Bilfert geheiratet.

Kumpel mit Kumpel, sondern wer mit wem? Ein verspäteter Abiturient, der von der Welt nichts weiter kannte als drei Orte an der Ostseeküste und der jetzt im gesellschaftlichen Auftrag in den Fernen Osten fuhr, ein Zimmergeselle, der erst seit kurzem ein fehlerfreies Deutsch schrieb und nun zum Nutzen der internationalen Solidarität Chinesisch lernen sollte, ein lässiger Bursche mit schwarzen Locken, den die Mädchen mochten und der die Mädchen mochte, aber in dieser Stunde nur eine, die Vera Bilfert hieß und die nicht wußte, wer da von ihr Abschied nahm, ein Arbeiterstudent, der sich drei Jahre vorher entschlossen hatte, die Festung Wissenschaft zu stürmen, als wäre er ein roter Matrose am Tor des Winterpalais', und der damals nicht geahnt hatte, daß er ein abgelegenes Außenfort zu erobern haben und sieben Jahre dazu brauchen würde und darüber ein Mädchen verlieren werde und einen Freund; dieser Gerd Trullesand stand auf dem Flugplatz und sagte zu dem Mitglied der Abschiedsdelegation: „Viel Erfolg, Iswall!"

Robert wollte nicht mit zum Flugplatz, aber Riebenlamm[3] hatte ihn gefragt, ob er nun zu allem noch feige sein wolle, und da hatte Robert zum erstenmal gemerkt, daß er nicht nur von Trullesand durchschaut worden war, und er war in den Bus gestiegen und hatte erwartet, daß es ihm gehen werde wie Hagen, der Siegfried erschlagen und dem aufgebahrten Toten die Wunde wieder bluten machte durch seine bloße Gegenwart: „dô kom der künic Gunthêr dar mit sînen man, und ouch der grimme Hagene: daz waere bezzer verlân."

Aber aus Trullesands Wunde war kein Blut geflossen, und doch, als Robert und Trullesand einander die Hand gaben und Trullesand „Viel Erfolg, Iswall!" sagte, da war der Nibelungen Worms nicht weit: „Dŭ wunden fluzen sêre, alsam si tâten ê. die ê dâ sêre klagten, des wart nu michel mê."

Von allen, die Abschied nahmen, war Rose Paal, das Mädchen Dieunddie, weitaus die glücklichste. Sicher, sie flog nun für sieben Jahr nach China, und das war lang, und das war weit, aber China war Freundesland und Wunderland, und überhaupt war alles wie ein Wunder: In Klein-Bünzow gab es jetzt zum ersten Male ein Landarbeitermädchen mit Abitur. Mit Eins, Herr Bürgermeister, und durch Rose Paal kommt auch Klein-Bünzow jetzt in die Welt, was sagen Sie nun, Herr Sägewerksbesitzer, Klein-Bünzow geht nach China, unsere Rose geht nach Peking und lernt, fassen Sie sich, Frau Pastor, Chinesisch, man sollte es nicht glauben, erst das Abitur und nun Chinesisch, unsere Rose aus Klein-Bünzow.

---

[3] Lehrer an der ABF Greifswald.

Und dennoch war dies nur der kleinere Teil des Wunders, der größere hieß Trullesand, der größere Teil des Wunders war der neue Reisepaß mit dem neuen Namen darin, der völlig überraschend Rose Trullesand lautete, Rose Trullesand, geb. Paal. Da war man eines Tages, wie lange war das her, gestern, vorgestern, vor einer Woche, aus dem Unterricht in die Direktion gerufen worden und hatte auf dem Wege über den Hof sein Gewissen durchforscht und es rein gefunden, und doch war einem nicht geheuer gewesen, als man über die Schwelle des Direktorzimmers getreten war und sich einer Gruppe von Männern mit Kommissionsgesichtern gegenüber gesehen hatte. Aber der Alte Fritz[4] hatte geholfen:

„Guten Tag, Genossin Paal, nimm doch bitte Platz und mache schnell ein anderes Gesicht. Hier will dir niemand etwas tun. Im Gegenteil, ich glaube, wir können dir eine große Freude machen. Setz dich nur, und hier ist auch Kaffee für dich, du magst doch Kaffee, nicht wahr? Die Genossen hier kennst du ja alle, bis auf den Genossen Wigg vielleicht, er ist der Vertreter des Staatssekretariats, denn es ist eine große Sache, die wir mit dir besprechen wollen, ganz als Freunde besprechen und beraten. Du bist die Hauptperson, du und noch ein anderer, aber im Augenblick nur du allein. Aber ich sehe schon, daß die Spannung nicht aus deinem Gesicht weichen will, das verstehe ich, das verstehen wir, und keinem von uns ginge es anders, säße er jetzt wie du da auf dem Stuhl. Darum will ich dir schnell sagen, worum es geht, und du wirst sehen, es ist eine gute Sache, eine schöne Sache, eine große Sache. Du hast in deinem Fragebogen für das Abitur die Absicht angegeben, Romanistik in Berlin zu studieren, und niemand von uns hätte dir dazwischengeredet. Wir waren einverstanden, und wir sind es noch, aber wir glauben, wir wissen etwas Besseres, noch Besseres. Gewiß wird es wichtig sein, daß unsere jungen Menschen, die man einstmals als Waisenkinder verlacht und denen man des Wissens Macht vorenthalten hat, fremde Sprachen und Literaturen zu meistern erlernen, und du hast es, wie uns Genosse Angelhoff berichtet hat, in den wenigen Jahren bei uns zu erstaunlichen Kenntnissen im Lateinischen gebracht, so daß wir dich guten Mutes in ein Romanisches Institut ziehen lassen könnten, nur, und jetzt komme ich zu der erfreulichen Sache, nur wird man sich fragen müssen, ob es nicht noch wichtigere Zweige der linguistischen Wissenschaften gibt als den der Romanistik. Was zum Beispiel hältst du vom Chinesischen? Ich sehe, du erschrickst, du hast etwas von zehntausend Schriftzeichen gehört, äußerst komplizierten noch dazu, und du hältst sie wahrscheinlich für nicht erlernbar. Aber

---

[4] Spitzname für den damaligen Direktor der ABF Greifswald.

nun frage dich doch einmal: Hast du nicht geradeso vor noch gar nicht langer Zeit über das Lateinische gedacht, bist du nicht auch da erschrocken gewesen und womöglich sogar verzweifelt? Siehst du, und nun bekommst du — ich kann es dir verraten, weil ein außerordentlicher Anlaß vorliegt — in den nächsten Tagen dein Abiturzeugnis, und darin wird hinter der Fachbezeichnung Latein eine strahlende Eins stehen. Ja, ich darf unter den besonderen Umständen, die uns hier zusammengeführt haben, noch weitergehen und dir mitteilen, daß auch an jener Stelle, wo du die Summe deiner Prüfungsergebnisse lesen wirst, eine strahlende Eins stehen wird. Die ABF-Studentin Rose Paal wird ihr Abitur mit der Note Eins bestehen, hat es schon mit Eins bestanden, das steht unabänderlich fest und ist keineswegs etwa vom Ausgang unseres freundlichen Gesprächs abhängig, was ich dir sagen muß, damit du nicht glaubst, wir wollten einen Handel mit dir treiben. Also schon von deinen Leistungen her bist du hervorragend geeignet für die Verwirklichung des Planes, über den wir dich hier in Kenntnis setzen wollen und von dem wir hoffen, daß er deinen Beifall findet. Wir, das heißt unser Staatssekretariat, das hier durch den Genossen Wigg vertreten wird, wir alle also doch, haben von den chinesischen Genossen die unschätzbare Einladung bekommen, zwei Abiturienten zum Studium der Sinologie, das ist Chinakunde, nach Peking zu entsenden, und wir möchten, siehst du, jetzt kommt es schon heraus, daß du eine von den beiden bist. Ah, ich wußte, daß du dich freuen würdest, es ist ein Traum, nicht wahr, einer, den wir alle nicht zu träumen gewagt haben, und jetzt verwirklicht er sich, weil in China die Genossen gesiegt haben und wir auf ewig Freundschaft miteinander geschlossen haben. Ich will dir nicht verheimlichen, daß die chinesischen Genossen recht strenge Bedingungen gestellt haben, sie wollen, das wirst du verstehen, nur die Besten in ihr Land holen, und so spielte bei der Wahl deiner Person nicht nur deine fachliche Leistung ein gewichtige Rolle, sondern ebenso deine Herkunft; du bist ein Kind vom Lande, und China ist ein Bauernland, du hast keine Verwandten im westlichen Ausland oder in Westdeutschland, und auch das ist für die chinesischen Genossen Bedingung, weil sie ihre historischen Erfahrungen gemacht haben, und so bist du wie geschaffen für diese großartige Gelegenheit. Willigst du ein, wirst du binnen kurzem, vielleicht sogar schon in einer Woche, auf die große Reise gehen. Du brauchst dich noch nicht gleich zu entscheiden, denn immerhin wird, was ich dir noch sagen muß, dieses Studium länger als ein gewöhnliches dauern, rundheraus gesagt, sieben Jahre, und du wirst verstehen, daß man nicht ständig von Peking nach Klein-Bünzow auf Urlaub fahren kann, so als läge Klein-Bünzow gleich nebenan. Wenn ich aber dein Nicken richtig deute, dann wirst du dennoch diesen Auftrag annehmen, und das ist uns allen hier eine große Freude und auch verständlich. Aber dann muß ich dich noch von einer weiteren Bedingung unserer chinesischen Genossen unterrichten. Es handelt sich um etwas, das du nun, da du weißt, wie lange dieses Studium dauern wird, um so eher verstehen und billigen wirst. Du sollst nicht allein fahren, das wäre nicht gut — wegen des Heimwehs und wegen mancherlei anderem noch, und du wirst es begreifen, wenn ich dir sage, daß ich mit Wohlgefallen gewahre, wie sehr du dich in den wenigen Jahren hier bei uns entwickelt hast, und das meine ich jetzt nicht nur hinsichtlich deiner geistigen und bildungsmäßigen Entwicklung. Als ein älterer Mann darf ich dir wohl sagen, daß du auch äußerlich ein prächtiges Menschenkind bist, aber Menschenkind ist eben nicht der rechte Ausdruck, schon gar nicht in dem Zusammenhang, von dem aus ich diese Frage berühre. Ich denke, du verstehst mich, ja und da komme ich wieder auf die Bedingung der chinesischen Genossen: Sie möchten zwei Studenten zu sich einladen, aber nicht, und das wirst du leicht begreifen, zwei weibliche Studenten oder zwei männliche Studenten — was ohnehin schon nicht mehr gesagt werden muß, da wir ja dich ausersehen haben und du ohne allen Zweifel kein männlicher Student bist, ganz und gar nicht, wie ich doch noch einmal betonen muß —, sie möchten gern eine Studentin und einen Studenten. Die Studentin wärest du, und da bliebe nur noch die Frage des Studenten. Aber bevor ich darauf komme, oder besser, um darauf zu kommen, muß ich noch eine weitere Bedingung, die uns von den chinesischen Genossen gestellt worden ist, zu deiner Kenntnis bringen. In Anbetracht der großen Entfernung von der Heimat und unter Berücksichtigung der langen Zeit, die das Studium in Anspruch nehmen wird, und dementsprechend unter Einbeziehung gewisser natürlicher Anlagen des Menschen überhaupt, haben uns die Freunde in Peking wissen lassen, daß sie glauben, es solle sich bei den beiden vorgesehenen Studenten um, nun ja, um ein Ehepaar handeln. Aber nicht doch, du brauchst doch die Lichter in deinem Gesicht nicht mehr auszulöschen, wir wissen ja, daß du nicht verheiratet bist, wir alle wissen, daß du alle gestellten Bedingungen ausgezeichnet erfüllst, und wir wissen auch, daß du nicht verheiratet bist. Wenn es jedoch danach gehen sollte, dann könnte unsere Fakultät den ehrenvollen Antrag der chinesischen Genossen leider nicht positiv erwidern, denn wir haben nur zwei Ehepaare, die beide schon deshalb nicht in Frage kommen, weil sie durch die anderen von mir genannten Bedingungen ausscheiden, das Ehepaar Kluth, weil seine fachlichen Leistungen — das sage ich dir vertraulich — keine Gewähr für ein ordnungsgemäßes Studium so komplizierter Natur bieten, und das Ehepaar Sänger aus anderen Gründen, die ich dir auch nennen will. Beide sind in jeder Hinsicht vorbildliche Studenten, fachlich und gesellschaftlich, aber Herbert Sänger hat einen Vetter in Wiesbaden, der ist überdies noch Handelsvertreter, und damit können wir den chinesischen Genossen nicht kommen, das ist ein Gebot der proletarischen Wachsamkeit. So wäre es also an dem, daß wir niemanden hätten, der das hochherzige Anerbieten aus Peking wahrnehmen könnte, und das würde uns alle sehr schmerzen. Ich sehe, dich auch. So sind wir denn darauf verfallen, das ist in diesem Falle die Parteileitung, die eine Anregung eines Genossen Studenten aufgegriffen hat, so sind wir denn darauf verfallen, zum einen dich zu befragen, ob du den ehrenvollen Auftrag anzunehmen bereit wärest, und du hast ja inzwischen mehrfach bekundet, du wärest bereit, und zum anderen war es unsere Aufgabe, eine höchst seltene und auch sehr delikate, einen Studenten zu finden, der geeignet wäre, mit dir nach Peking zu gehen, auf sieben Jahre und als dein Mann. Ja, das wäre heraus, und ich sehe dir an, daß dir von alledem ein wenig schwindlig ist, aber glaube mir, auch mir ist ein wenig schwindlig, und den anderen Genossen hier wird es nicht anders gehen, denn immerhin schickt man nicht alle Tage einen lieben Menschen nach China, und schließlich sieht man sich auch nicht alle Tage in der Rolle des Brautwerbers. Denn als solche, meine liebe Rose Paal, sitzen wir hier vor dir, und mir als dem Sprecher ist sehr bänglich ums Herz, ob ich wohl auf die richtige Art zu dir gesprochen habe, denn noch nie in meinem Leben habe ich ein Brautwerber sein dürfen und schon gar nicht unter so eigenartigen Umständen. Es ist aber jetzt an mir, dich zu fragen, ob du bereit wärest, mit einem gewissen jungen Mann, mit dem du, soviel ich in Erfahrung gebracht, nicht zuletzt durch den Genossen Studenten, der in der Parteileitung auf diese Lösung gekommen ist, also, ob du bereit wärest, mit diesem jungen Mann, zu dem du schon immer eine freundliche Neigung gehegt hast, ob du also mit diesem jungen Mann in unserem Auftrage und als seine Ehefrau nach China gehen würdest. Jetzt erst aber kommt der allerbänglichste Augenblick, denn jetzt muß ich dir ja den Namen dieses Studenten, für den ich hier um dich werbe, nennen, und der Augenblick ist deshalb der bänglichste von allen, weil sich der Genosse Student aus der Parteileitung ja geirrt haben kann und deine Neigung, die er als vorhanden vermutet, womöglich gar keine ist. So frage ich dich denn, Rose Paal, bist du gewillt, auf sieben Jahre nach China zu gehen, und zwar als Ehefrau deines Genossen und Studienkameraden Trullesand? Ja? Du nickst, sprachlos zwar, aber du nickst, und wie mir scheint, kommt dir dieses Nicken vom Herzen? Das ist schön, das ist wunderschön, so haben wir es erhofft, so haben wir es erwartet, so zeigen wir es denen, die uns jahrhundertelang als unmündig und nicht reif verschrien haben, dies sind die Entschlüsse, die die Welt verändern! Aber jetzt, was ist jetzt, sehe ich da einen Schatten in deinem Gesicht, einen Schatten, der immer tiefer wird, ist das Schrecken oder ist das Zweifel? Zweifel, ja? Welcher Art Zweifel kann es sein? Ich will es zu erraten suchen: Du hast allem zugestimmt, also war bisher alles klar für dich, aber jetzt ist ein Zweifel da, und ich ahne, welcher Natur er ist. Du fragst dich, mit Recht fragst du dich, wie könnte es anders sein, wie denn der andere, den du dir nun so plötzlich als deinen Mann vorstellen sollst, wie denn er überhaupt zu alledem stehe, oder du fragst dich gar, ob er denn schon ahne, daß er in wenigen Tagen dein Mann sein soll. Ich habe es also erraten, und ich kann dir deine Frage beantworten: Ja, wir haben mit ihm gesprochen, gestern schon in der Leitungssitzung, und wir haben zu ihm gesagt: Alles hängt nun von Rose Paal ab; sagt sie ja, werden wir eine Hochzeit haben und bald darauf zwei Absolventen unserer Fakultät in China, und bis dahin, haben wir zu ihm gesagt, bis dahin wirst du schweigen, Genosse Trullesand, und sollte sich herausstellen, daß Rose Paal nicht will, aus welchen Gründen auch immer, dann wirst du, Genosse Trullesand, dies Gespräch vergessen, für immer und ewig vergessen, und dir, Genossin Paal, dies muß ich dir der Wahrheit zuliebe nun mitteilen, auch dir hätten wir für den Fall, du hättest unseren Vorschlag abgelehnt, auch dir hätten wir gesagt, du müßtest dieses Gespräch auf immer und ewig vergessen, und wir hätten auch behauptet, mit dem Genossen Trullesand sei noch kein Wort gesprochen worden, denn anders wäre es vielleicht etwas schwierig für euch beide geworden. Du siehst, wir haben alles bedacht, und du siehst uns glücklich, denn gestern schon hat der Genosse Trullesand ja gesagt, und heute hast du ja gesagt, und so werdet ihr für sieben Jahre nach China fahren, als Mann und Frau, als unsere Delegierten, zu unserer Freude und mit unserem Segen, und beinahe möchte ich Amen sagen."

Und Robert Iswall dachte Amen. Denn Robert Iswall saß dabei, saß unter den Brautwerbern und hatte den Atem angehalten bei Völschows langer Rede, denn natürlich war er jener Student aus der Parteileitung, dem die glückliche Anregung zu danken gewesen war, und ihm bedeutete Roses Jawort mehr als den Triumph der Fakultät, ihm gab es freie Bahn und ein schlechtes Gewissen, und Amen war das passende Wort.

Das alles war zehn Jahre her, es war im Sommer zweiundfünfzig geschehen, und es war im Frühling zweiundsechzig, als sich Robert Iswall daran erinnerte und sich fragte, ob die Geschichte von Rose und Gerd und Vera und Robert und besonders die von Gerd und Robert nun tragisch oder komisch gewesen sei. War das denn tragisch, wenn einer eine nicht bekam, weil ein anderer sie hatte haben wollen und auch bekommen hatte? War es etwa tragisch, daß der andere eine bekommen hatte, die er gar nicht hatte haben wollen? Brachte man die Sache auf diese abstrakte Figur, dann blieb nicht ein Hauch von Tragik, und komisch war es auch nicht weiter. Es war vielleicht die millionste Wiederholung eines Ur-Stückes im Menschentheater, und erstaunlich war nur, daß es damals wie heute sein Publikum zu erregen vermochte....

Helmut Sakowski
Der LPG-Vorsitzende Paul wirbt um die
Genossenschaftsbäuerin Lisa   41

In dem Volksstück „Steine im Weg", das in einer LPG spielt, stehen deren Vorsitzender Paul und Lisa, die die Viehzucht auf der LPG leitet, im Mittelpunkt. Die Szene spielt abends im Wohnzimmer Lisas; anwesend sind Lisa und ihr Sohn Gerhard sowie Lisas Mutter. Der LPG-Vorsitzende Paul kommt hinzu.

PAUL: Kannst du raten, weshalb ich gekommen bin, Gerhard?

DER JUNGE *schnell:* Mutters wegen.

   Lisa und Paul ein bißchen verlegen.

PAUL: Deinetwegen. Dein Rad lehnt am Zaun.

DER JUNGE *begeistert:* Fertig?

PAUL *nickt:* Und die Schweißnaht so fein, sag ich dir, daß deine Freunde mit der Lupe suchen müssen. Die hält bis zum nächsten Sturz.

   Der Junge stürzt hinaus. Lisa sieht ihm lächelnd nach.

LISA: Ich will ihn zu Bett bringen. Es wird Zeit. Entschuldige, Paul.

   Paul nickt ihr zu.

DIE ALTE *kopfschüttelnd, aber stolz:* Das ist einer! Bloß leider, Halbwaise sozusagen. Hat überhaupt kein Kommang!

PAUL: Es fehlt ein Mann im Haus, willst du sagen.

DIE ALTE: So ist es.

PAUL *brennt sich eine Zigarette an:* Habt ihr keinen in Aussicht genommen, Mutter Martin?

DIE ALTE *mustert den Paul über die Brille; nach einer Weile:* Es möchte sich wohl mancher bewerben. Das Mädel ist patent in allen Sachen und nicht wie manche Frauenzimmer, wo häusliche Tugend welkt wie das Koppelgras dieses Jahr. Aber der nächste beste kommt nicht in Betracht, Frauen sind selbstbewußt heutzutage und woll'n einen gebildeten Menschen im Ehebett. Die Zeiten ändern sich, Paul.

PAUL: Versteh, Mutter Martin.

DIE ALTE *vorsichtig:* Du hattest wohl auch ein paar Jährchen studiert?

PAUL: Damit ist's nicht weit her. Ich war sechzehn, wie mir Mutter die Flakhelferuniform einfärbte — flaschengrün. Vater war nicht zurückgekommen. Aber vier Gören außer mir rissen die Mäuler auf, die wollten gestopft sein. Das erste, was ich studierte, war, wie man Kartoffeln und Möhren klaut und Holz aus dem Forst. Dann studierte ich Stallbengel beim Bauern. Als es aber Zeit war, daß die beiden Jungen was Vernünftiges lernten, schlachteten wir die Ziege, luden unseren Plunder auf einen Leiterwagen und zogen in die Stadt. Mutter fand Arbeit auf der Zellwolle. Jetzt konnte ich auch etwas lernen: Dreher. Da war ich schon über zwanzig. Nach der Lehre wollten mich die Kollegen auf die Arbeiter- und -Bauern-Fakultät schicken. Ich wollte nicht studieren. Endlich hatte ich Geld in den Fingern ... das war in den Jahren, wo junge Leute ans Heiraten denken. Aber ich hatte schon für Familie zu sorgen. Mutter träumte von einer Schleiflackküche und von richtigen Betten. Der zweite wollte Abitur machen; der dritte fraß für das doppelte Kostgeld; die Mädchen brauchten ein bißchen Staat, und Schuhe kosteten hundert Mark. Ich hab für mich selber studiert, Gorki und später die Lehrhefte für den Meisterbrief. Dann war ich Leiter einer berühmten Brigade. Die Arbeit machte Spaß. Ich hatte eine Braut und suchte nach einer Wohnung mit Bad und Balkon. Das war in den Jahren, wo die bunten Neubaublocks in den Städten wuchsen. Da sagte die Partei: Arbeiter gehörten auf das Land. Ich sollte gehen. Ich ging.

DIE ALTE: Sie hatten dich überzeugt, wie man so sagt.

PAUL: Ich hätte einwenden können, jetzt müßt ich einmal an mich denken. Sie hätten es verstanden. Aber ich hatte das Dorf nicht vergessen. Ich dachte nicht gleich an die Arbeit. Ich dachte: Mann, warum nicht? Auf dem Land ist der Himmel höher, die Sonne heißer und Wind noch ein richtiger Wind ... was man sich so einbildet. Ich dachte an das Flüßchen, wie es sich durch die Koppeln windet ... und wie ich da als Junge gebadet hatte — *er lacht ein bißchen*, natürlich auch an die Schwierigkeiten. Aber sie hatten mir beigebracht, daß ich Spaß hatte, wo es Schwierigkeiten abzuschaffen gab.

DIE ALTE: Dann hast du wohl reichlich Spaß gehabt in den Jahren? Und die Braut?

PAUL: Als ich ging, stöckelten die Mädchen auf so hohen Absätzen — *Geste* über das Pflaster. Mein Mädchen dachte bloß an den Dreck, wenn es an das Dorf dachte. Die Gummistiefel paßten nicht. Wie im Märchen: Die rechte Braut sitzt noch daheim.

Lisa kommt zurück.

DIE ALTE *tut auf einmal furchtbar erschreckt:* Gott, ich hab ja wohl die Hühner nicht eingesperrt.

PAUL: Nicht eines kratzte noch auf dem Hof.

Die Alte ab.

Meinetwegen brauchte sie nicht fortzulaufen. Sie hätte hören können, was ich zu reden hab. Kannst du dir denken, Lisa, was ich heute will?

LISA *verlegen:* Möchtest du nicht doch etwas essen? Mutters Bratwurst ist berühmt im Dorf.

PAUL: Ich will nichts essen. *Er lacht sie an.*

LISA: Du kommst des Stalls wegen.

PAUL: Das steht morgen auf der Tagesordnung. Wir beide . . . du und ich . . . Wir sind über den ersten Frühling weg.

LISA: Das ist kein Kompliment für mich.

PAUL *aus dem Konzept:* Ich wollte sagen: Wir beide arbeiten in einer Genossenschaft, wir haben gleiche Ziele . . . wir verstehen uns gut. Wär es nicht Zeit, daß wir unseren Kram zusammenschmissen?

LISA: Das sollte wohl ein Heiratsantrag sein?

PAUL: Du hast verstanden.

LISA: Machst nicht viel her von der Sache.

PAUL: Mit Worten . . . das ist nicht meine Art.

LISA: Du bist dir sicher?

PAUL: Das bin ich.

LISA: Aber du kennst mich nicht. Ich bin eine schwierige Frau. Mutter meint, das sei Charaktersache. Ich denke, es kommt vom Selbständigsein . . . und vom Alleinsein. Manchmal wollte ich nicht länger allein sein. Dann hab ich gedacht: Ein Mann — wer will etwas sagen — ich bin eine Frau. Aber heiraten? Dann müßte ein besonderer Kerl kommen . . .

PAUL: Was verlangst du?

LISA: Zuerst Vertrauen. Ein Mann müßte zu mir stehen, wie es auch kommt. Sonst soll er bleiben. Meinen Kram schmeiß ich alleine, dazu brauch ich keinen.

PAUL: Vertraust du mir?

LISA: Dir vertrau ich. Aber wer mich will, muß auch den Jungen nehmen.

PAUL: Ich verstehe mich gut mit dem Jungen.

LISA: Er müßte Kamerad in der Arbeit sein. Er dürfte nicht verlangen, daß ich den Stall aufgebe . . . der gewärmten Hauslatschen wegen . . . auch der Vorsitzende dürfte es niemals verlangen.

PAUL: Sonst noch Bedingungen?

LISA *lächelnd:* Er müßte mich ernst nehmen.

PAUL: Du weißt nicht, wie ernst ich dich nehme, Mädchen.

LISA *während er auf sie zukommt:* Dann hättest du mehr Aufwand betreiben müssen bei der Werbung. Das ist keine Werbung so im Vorbeigehen ... kein Blumenstrauß für die Braut, nicht mal einen anständigen Anzug hast du angezogen. Da fehlt ein Knopf.

PAUL *küßt sie einfach:* Nimmst du mich?

LISA: Selbstverständlich.

Fritz Rudolf Fries
Die Entbindung   42

Hierher kommen die Leute und geben ihre Kinder ab. Manche holen sie am Wochenende wieder, wenn die Kinder es längst müde wurden, nach ihren Müttern zu fragen, und sich an uns gewöhnt haben.
Michael hat Sommersprossen, ein Rotschopf von drei Jahren, der hinter mir herläuft und sich beim Spazierengehen auf der sogenannten Strandpromenade in meine Hand hängt. Manchmal vergessen die Eltern das Wiederkommen, und die Frau von der Sozialfürsorge muß ihnen dann nachreisen, in die Orte auf der Insel oder an der Küste. Meist kommt sie in zerrüttete Verhältnisse, wie sie uns später erzählt, Ehen, die nicht zustande kamen, weil er eine andere verschwiegen hatte, und diese hatte wieder Kinder von ihm; weil die Frauen allein blieben nach der Entbindung und die Woche bei der Arbeit sind, im Fischkombinat[5], auf der Warnowwerft, und am Wochenende ist Tanz, und der geht bis vier. Ich weiß, wie das ist, abends plötzlich ist jeder allein, der keinen Dienst hat und nicht mit dem Bus nach Bergen gefahren ist, zum Tanz, ins Kino, keinen Freund hier hat. Zum Glück gibt es das Fernsehen, hinterher kann man noch zusammen über den Film sprechen. Die Saison ist vorbei, die Promenade vom Wind wie ausgefegt. Im Spätherbst war ich noch nie an der See. Im Sommer ja, damals mit dir und vorher bei den Festspielen. Ich weiß, es hat dir nie gefallen, daß ich dort Reiten lernte, und du hast nie geglaubt, daß wir auch Pferde brauchten bei dem Spiel vom Likedeeler. Ich hab' ohnehin meist hinten gestanden in der Tanzgruppe, und beim Reiten mußte ich mich gut festhalten, nicht aus Ungeschicklichkeit, sondern vor Müdigkeit. Und jeden Morgen das Training und die Proben. Aber wieviel tausend Menschen uns damals gesehen haben. Du nicht, dir war es nicht gut genug. Woher du das nur wissen wolltest, in deinem Wald versteckt, in dem Haus mit den Holzwänden, die schon anfingen, nach deinen irischen und holländischen Tabaken zu riechen. Und am Tage, sagtest du, hättest du in der Stadt zu tun, in deinem Institut, von dem ich leider nichts begriff.

_____

[5] Kombinat: Industriebetrieb, der nach sowjetischem Vorbild die Produktion mehrerer Industriezweige vereinigt.

Hier verstehe ich, was gemacht wird, und werde gebraucht, und was ich lerne, Windeln und Säuglinge füttern, werde ich bald selber für unseren Sohn brauchen, denn ein Junge sollte es schon werden. Wenn nur der Krankenwagen beizeiten da ist, dann, im Winter. Manchmal, so erzählen die Einheimischen, verschneien alle Zufahrtswege. Davor hab' ich Angst.

Ich schlafe in der Baracke mit den anderen Mädchen. In einem der Nebenzimmer schläft der Hausmeister. Der ist alt und raucht den ganzen Tag Stumpen, auch abends, und man riecht es durch die Ritzen der Wände. Ich hab' das Fenster die ganze Nacht einen Spalt weit offen. Dann kann ich das Meer hören, es ist ganz nah; eine Stunde von hier liegt unser Badeplatz. Das weißt du wohl noch. Es gibt auch jetzt, im Oktober, noch ein paar gute Tage. Dann ist wieder alles blau, tiefblau das Meer, der Strand hell und fein. Boote stehen unbeweglich im Wasser, klein wenig nur geschaukelt von der sanften Brise, man weiß nie, ob jemand an Deck ist. Die Netze werden am Ufer geflickt. Die Konsumbuden sind verrammelt, Papier liegt noch herum vom Sommer. Manchmal fährt ein Wagen durch den Ort, ältere Ehepaare steigen aus, schauen und atmen tief ein, machen dann ein Foto und ziehen weiter. Vielleicht nach Stralsund, das wir beide lieben. Weißt du noch, Hotel zur Post? Aber ich habe keine Zeit, spazierenzugehen, außer mit den Kindern, und das ist nicht immer ein Vergnügen. Oder doch, nur anders, sie machen alle, die Gruppe der zwei- und dreijährigen, ernste Gesichter: Ausgehen ist eine ernste Sache für sie, Unbekanntes, das ihnen begegnet und das erkannt sein will. Dann kann ich ihre Fragen beantworten, so gut ich es weiß, und kann doch noch froh sein, wenn sie es mit Pferd und Auto genug sein lassen. Michael wollte neulich wissen, woraus die Netze gemacht werden. Da hatte ich schon meine Not. Aus Perlon? Ich habe nicht gewagt, einen Fischer am Strand danach zu fragen. Gleich denken die, man will mit ihnen abends ausgehen. Eigentlich ist der Ort jetzt viel schöner als im Sommer. Man kann jedes Haus für sich betrachten. Du solltest doch mal kommen und es dir ansehen. Aber ich weiß, du hast geschrieben, es wäre aus, und du wirst deine Gründe haben. Auch ich habe sie, wenn ich mir meine Zukunft vorstelle. Dann glaube ich sicher, wir passen nicht zusammen. Du mit deinen fremden Büchern und Sachen. Aber es ist ja nicht das. Sprachen kann man lernen. Aber deine Art, dich selbst aus dem Alltag zu nehmen, als lebten wir nicht alle mit und durch den andern, und die Liebe ist ja etwas, was uns die Vorstellung von einem Leben gibt, wie es sein sollte.

Die Frau von der Fürsorge, Ingeborg Ruge heißt sie, ist schon älter. Sie hat schlohweiße Haare. Sie war in der Emigration, und ich wundere mich, daß sie ausgerechnet hier oben hängengeblieben ist, wo sie doch woanders schöner und besser leben könnte. Sie verneint das. Gerade hier wäre ihr Platz, denn hier gäbe es so viele ungelöste Aufgaben, die Menschen seien durch Beruf und Wetter besonders rauh, und was solle aus den vielen Kindern ohne Eltern werden, die man uns ins Heim gibt, als wären wir das Fundbüro der Insel. Was aus manchen werden soll, weiß ich auch nicht. Michaels Mutter zum Beispiel ist beim Fischkombinat. Der Vater: eine Ferienbekanntschaft, längst entschwunden irgendwo in der Republik. Sie selbst kann und will nicht zu Hause bleiben, sie liebt ihre Arbeit, sie lebt gerne, sie vergißt manchmal, daß sie einen Sohn hat, den sie kaum kennt; denn Kinder, das sehe ich hier, wandeln sich von Tag zu Tag. Was soll sie machen? Das ist doch ein echtes Problem.

Du könntest jetzt fragen, was aus mir werden soll, nach der Entbindung. Vielleicht gehe ich nach Rostock und studiere dort Heilgymnastik. Frau Ruge hat es mir vorgeschlagen. Es ist schön, jemanden zu haben hier, der sich ein bißchen um mich kümmert. Sie würde dir vielleicht gefallen, trotz ihrer Einstellung.

Wenn ich frei habe, einmal nach sieben Arbeitstagen, fahre ich mit dem Bus nach Bergen, zum Einkaufen, Babyausstattung und anderes. Hinterher gehe ich in unser kleines Café und esse Obsttorte und trinke Kakao. Das Lokal ist meist leer, die Kellnerin sieht aus, als ob sie sich gern zu mir an den Tisch setzen würde, um über ihre Kümmernisse zu erzählen. Ich schaue lieber auf den Platz mit dem Taxistand und der kleinen Anlage, die braun und welk wird, und warte auf die Abfahrt des Omnibusses.

Ich fahre nicht gern mit dem letzten Bus, weil dann meist niemand mehr fährt und der Fahrer (ich sitze nun mal am liebsten ganz vorn) mit mir ein Gespräch anfängt, das mit einem Lächeln über meinen schon sichtbaren Zustand zu beginnen scheint. Fährt er zufällig zu der Stunde, die ich wähle, und es sind Leute im Abteil, winkt er mir im Rückspiegel zu. Er sieht gutmütig aus, ein schwerer Nacken, seine Frau wird es gut bei ihm haben, denke ich, und erst seine Kinder, wenn er sie mitnimmt. Durch die Insel zu fahren ist immer ein Erlebnis, man weiß dann, daß hinterm Berge auch Menschen wohnen. Insel! Das ist sowieso ein Unsinn: Mir kommt sie eher vor wie eine ausgestreckte Hand nach Norden, und der Rügendamm ist der starke Arm. Bei strengem Frost soll man zu Fuß über die Ostsee laufen können. Jetzt kann ich mir nicht vorstellen, daß ich das wagen würde. Früher ging ich bei dünnstem Eis Schlittschuh laufen, während du in deinen Holzwänden saßest und irgendwelche Sendungen hörtest, die von ungeheurer Wichtigkeit waren. Für mich ist jetzt alles unwichtig, und die Gegenwart, scheint mir, beginnt erst mit dem Tag der Entbindung. Wenn es doch schon soweit wäre.

Aber wenn ich um sechs Uhr früh hinüber gehe in die Kinderstation, denke ich nicht mehr über wichtig und unwichtig nach. Wir haben jetzt 29 Säuglinge, sind aber nur 3 Pflegerinnen frühmorgens und müssen in anderthalb Stunden mit Baden und Füttern fertig sein. Manche trinken besonders schlecht und brauchen besondere Pflege. Wir haben auch viele kranke Kinder. Ernährungsstörungen. Ich verstehe manche Pflegerinnen nicht, mit welcher Routine sie arbeiten. Im Mittelpunkt steht der Mensch, sagt Frau Ruge immer. Hier aber ist es fast immer die Uhrzeit.

Gegen Nachtdienst habe ich nichts. Du hast mir mal erzählt, wie gern du dich als Kind von deiner Mutter nachts zudecken ließest. Die Kinder hier sind genauso.

Nebenan ist heute Besuch gekommen. Der Mann von der einen Pflegerin. Er ist Bauschlosser und viel auf Montage. Du kannst dir denken, wie unruhig es da drüben heute ist. Als er das letzte Mal da war, bin ich nachts immer wieder aufgewacht. Wir schlafen alle in Betten, die früher einmal in einem Krankenhaus gestanden haben, das neu eingerichtet wurde. Die Betten sind alt, und der Federboden verrät jede Bewegung. Erst wenn sie zu flüstern anfangen, weiß ich, daß sie bald einschlafen werden. Aber da beginnt auch schon der Wecker nachdrücklich zu ticken und wird gleich Alarm schmettern.

Der Wind vom Meer legt sich auch am Morgen nicht. Früh sind die Tage jetzt sehr kalt, der Himmel oft schwarz. Am liebsten zöge ich gleich meinen blauen Pullover an, ohne mich erst zu waschen. Dann lege ich Kohlen auf die Glut im Ofen, halte den Tauchsieder in einen Emailletopf mit Wasser (das ich mir aus der Gemeinschaftsküche hole), und zum Frühstück gibt es bei mir Tee und Schwarzbrot mit Butter und Marmelade. Auch einen Apfel. Auf der Mütterberatung haben sie gesagt, ich solle mehr Obst essen, und sie haben mir auch ein Kalkpräparat aufgeschrieben, das ich noch immer nicht aus der Apotheke geholt habe.

Am Tage benimmt sich unser Sohn brav, aber sobald ich mich abends hingelegt habe, todmüde einschlafen möchte, fängt er an zu zappeln. Davon werde ich wieder ganz wach und warte auf die nächste Bewegung. Er teilt seine Stöße ganz überraschend aus. Wenn nur der Krankenwagen beizeiten durch den Schnee findet, im Winter. Ich rechne mit Januar. In Bergen bin ich schon vorgemerkt. Du weißt ja nicht, wie viele Kinder jeden Tag geboren werden. Und wie viele davon zu uns kommen. Im Sozialismus, sagt Frau Ruge, sollte es weniger Egoismus geben. Meinst du nicht auch?

Ich sehe dich an solchen Tagen in deinen Holzwänden sitzen. Du fährst ja nur einmal die Woche, wie ich dich kenne, in dein Institut. Sicher ist dir über Nacht der Ofen ausgegangen, und du mußt früh Feuer machen, Holz auflesen unter deinen Kiefern, das naß vom Regen ist und qualmt, wenn du es in den Ofen schiebst. Vor Ärger trinkst du gleich früh ein Glas Slibowitz, oder was sie gerade bei euch im Konsum auf Vorrat haben, und legst dir Musik auf den Plattenteller. Du fängst erst am späten Nachmittag an zu arbeiten, nach einer Inspiration durch deine berühmte *heure bleue* (ist das so richtig geschrieben?), und es riecht dann gut bei dir nach Ofenwärme und Pfeifentabak, und in der schwarzen Teekanne steht der Tee randvoll. Vielleicht kommt Besuch, und ihr redet euch die Köpfe heiß über das 21. Jahrhundert und später. Ich bin mehr für die Gegenwart, auch wenn sie für mich aus Windeln, Babynahrung, Kinderkrankheiten und der Angst vor der Entbindung besteht. Abends ein bißchen Fernsehen, oder ich lese ein paar Seiten aus einem Roman. Du könntest übrigens bei uns eine Stelle als Bibliothekar bekommen. Willst du? Nächstens ist ein Vortragsabend über Gerhart Hauptmann mit Schauspielern vom Theater Putbus. Ich gehe bestimmt hin.

Manchmal träume ich, ich ritte auf dem weißen Pferd aus dem farbigen Druck, den du mir mal geschenkt hast. Es steht an einem Bach oder Fluß und trinkt, im Hintergrund reiten zwei nackte braune Mädchen auf braunen Pferden durch ein blaues Gehölz. In meinem Traum verläßt das Pferd die Tränke, trottet zu mir und läßt sich den Hals klopfen. Ich steige auf seinen blanken Rücken, ohne Sattel und Zaumzeug. Wir reiten in eine weite, helle Landschaft. Dann sind es plötzlich wieder die Festspiele. Wir haben viele tausend Zuschauer, und es sind alle Kinder aus dem Heim dabei. Sie sind schon erwachsen, und im Ballett der Fischermädchen, das ich anführe, tanzen alle Pflegerinnen aus dem Heim, und Frau Ruge hat die Choreographie einstudiert, und die Kinder, die jetzt schon Männer und Frauen sind, klatschen Beifall und kommen von ihren Bänken herunter und wollen Störtebeker auf ihre Schultern heben, weil er ihnen Brot gibt und ihre Feinde verjagt. Wieder steigt der Beifall über die Meeresküste, auf die jetzt die brennenden Kauffahrteischiffe zutreiben und verpuffen wie Feuerwerk. Ich erwache vom Regen, der auf das Dach der Baracke fällt. Aber heute habe ich frei, ich kann ausschlafen und an unseren Sohn denken.

Andreas Reimann
Wegsuche 43

Dem grunde zu: die urzeitsedimente
der herzen schürfen, unter letternschlamm
und redeströmen und entfremdungseis
den ursprung finden, suchend bis zum ende
der möglichkeiten und den starren damm
der vorurteile wegspüln mit dem schweiß

der schweren stirnen, bis sich offenbart
der regenbogen über dem gebiet
dem unbekannten: also tätig sein,
dies heißt bestand in unserer gegenwart.
Stets ists gebären schmerzensreich und schwer.
Und vor des kindes erstwort dröhnt sein schrein.

Hier leb ich, irr ich. Blutig abgenabelt
von mutter kriegsangst, bin ich gänzlich frei
von dem komplex des königs ödipus.
Es sei mein credo in die welt gekabelt:
Hier leb ich. Such ich. Finde mich dabei.
Ich lieb dies land. Ist hier nicht denken pflicht?
Und dies ist höchster menschlicher genuß.[6]

---

[6] Werner Brettschneider (in: Zwischen literarischer Autonomie und Staatsdienst. Die Literatur der DDR, Westberlin 1972, S. 244) beschreibt dieses Gedicht so: Durch Addition entstandene, inhaltsüberladene Substantive (Urzeitsedimente, Letternschlamm, Entfremdungseis), ein gewaltsam vorwärts drängendes Satzgefüge, das die Zäsur zwischen den Strophen überspielt, die kurzen Sätze und Satzfragmente des Schlusses bestimmen formal diese Arbeit eines Zwanzigjährigen. Wegsuche ist das Thema, Bestand in der Gegenwart das Ziel; der Weg ist mit den Worten „dem Grunde zu" und „den Ursprung finden" benannt. Beide weisen weniger auf Geschichte hin als auf Philosophie: Denken als revolutionärer Akt, in die Metapher der Geburt gefaßt. In der Schlußstrophe triumphiert das Ich. Doch gibt die vorletzte Zeile (Ich lieb dies Land. Ist hier nicht denken pflicht?), die das Schema der Form durchbricht und, reimlos, isoliert steht, dadurch aber auch unterstrichen wird, Grund zum Zweifel. Das „hier", das nach der gesamten Anlage des Gedankens nur zeitlich gemeint sein sollte, erhält unvermutet eine örtliche Bedeutung, und wenn dadurch das Gedicht in ein Bekenntnis zur DDR ausklingt, so ist der Gedankensprung offensichtlich. Geht man fehl in der Deutung, daß das Unbefriedigende des Schlusses der Unsicherheit des Gefühls entspringt?

Wehe dem Sohn, der nicht klüger wird
als der Vater.

Das Haus, das die Bauleute verlassen,
verfällt.

Der Lehrsatz, den wir nicht weiterentwickeln,
gerät in Vergessenheit.

Die Entdeckung, die kein Geheimnis mehr birgt,
ist den Kommenden wertlos.

Die Revolution
findet im Hörsaal statt.

Ulrich Schacht
Ferner Morgen 45

Ferner Morgen, von dem
ich träume: Seine Weite
wird ungeheuer sein. Wir werden
gehen können —
aufrecht und im Licht.

Das Wasser aller Bäche Flüsse Seen:
durchschaubar
bis auf den Grund,
wo der Tag
die Leiber der Fische
versilbert. —

Und auch seine Klarheit wird uns gehören.
Wie werden sehen können
alle Farben dieser Stunde:
das Schwarz
schattenspendender Felsen,
das Rot
einer behutsamen Sonne,
das Gelb
getreidebestandener Ebenen.

Und bald darauf
werden die Höfe betreten, vertraute
Häuser, darin wir zuvor niemals waren —

werden Brot und Salz finden
auf dem Tisch und Wein in geschliffenen Gläsern:
Denn da sind Menschen,
die uns erwarten,
sind Stimmen, die singen —
und ein Tanzen wird uns ergreifen
— so frei —
daß wir vergessen
die Nacht die Nacht
vor diesem
Morgen.

Reiner Kunze
Appell 46

1

D., schüler der siebenten klasse, hatte
versehen mit brille und dichtem haupthaar
das bildnis Lenins

Öffentlich

So
in gefährliche nähe geraten ·
der feinde der arbeiterklasse, der imperialisten ihr
handlanger fast, mußte er stehn
in der mitte des schulhofs

Strafe:
tadel, eingetragen in den schülerbogen der
ihn begleiten werde
sein leben lang

2

Du fragst warum
sein leben lang

Lenin kann ihm nicht mehr helfen, tochter

Siebzehnjährig

> Wir sind jung
> die welt ist offen
> (lesebuchlied)

Horizont aus schlagbäumen

Verboten
der grenzübertritt am bildschirm ein bild
von der welt sich zu machen es lebe
das weltbild

Bis ans ende der jugend

Und dann?

Ulrich Plenzdorf
Der Bluejeans-Song   47

Im Mittelpunkt des Romans „Die neuen Leiden des jungen W." steht der Lehrling
Edgar Wibeau aus dem Städtchen Mittenberg bei Frankfurt/Oder, der „die Lehre
schmeißt", nach Berlin (Ost) ausreißt und sich in einer Wohnlaube versteckt. Auf
dem Nachbargrundstück lernt er Charlie kennen, eine Kindergärtnerin, die bereits
verlobt ist — das Dreiecksverhältnis, aus Goethes „Werther" bekannt, nimmt seinen
Anfang.

Der folgende Textausschnitt, von Edgar von „jenseits des Jordan" gesprochen, ist
dem Anfang des Romans entnommen: Edgar ist den ersten Abend allein in seinem
Versteck:

Natürlich Jeans! Oder kann sich einer ein Leben ohne Jeans vorstellen?
Jeans sind die edelsten Hosen der Welt. Dafür verzichte ich doch auf
die ganzen synthetischen Lappen aus der Jumo, die ewig tiffig aussehen.
Für Jeans konnte ich überhaupt auf alles verzichten, außer der *schönsten
Sache* vielleicht. Und außer Musik. Ich meine jetzt nicht irgendeinen
Händelsohn Bacholdy, sondern echte Musik, Leute. Ich hatte nichts
gegen Bacholdy oder einen, aber sie rissen mich nicht gerade vom
Hocker. Ich meine natürlich echte Jeans. Es gibt ja auch einen Haufen
Plunder, der bloß so tut wie echte Jeans. Dafür lieber gar keine Hosen.
Echte Jeans dürfen zum Beispiel keinen Reißverschluß haben vorn. Es
gibt ja überhaupt nur eine Sorte echte Jeans. Wer echter Jeansträger ist,
weiß, welche ich meine. Was nicht heißt, daß jeder, der echte Jeans
trägt, auch echter Jeansträger ist. Die meisten wissen gar nicht, was
sie da auf dem Leib haben. Es tötete mich immer fast gar nicht, wenn

ich so einen fünfundzwanzigjährigen Knacker mit Jeans sah, die er sich über seine verfetteten Hüften gezwängt hatte und in der Taille zugeschnürt. Dabei sind Jeans Hüfthosen, das heißt Hosen, die einem von der Hüfte rutschen, wenn sie nicht eng genug sind und einfach durch Reibungswiderstand obenbleiben. Dazu darf man natürlich keine fetten Hüften haben und einen fetten Arsch schon gar nicht, weil sie sonst nicht zugehen im Bund. Das kapiert einer mit fünfundzwanzig schon nicht mehr. Das ist, wie wenn einer dem Abzeichen nach Kommunist ist und zu Hause seine Frau prügelt. Ich meine, Jeans sind eine Einstellung und keine Hosen. Ich hab überhaupt manchmal gedacht, man dürfte nicht älter werden als siebzehn — achtzehn. Danach fängt es mit dem Beruf an oder mit irgendeinem Studium oder mit der Armee, und dann ist mit keinem mehr zu reden. Ich hab jedenfalls keinen gekannt. Vielleicht versteht mich keiner. Dann zieht man eben Jeans an, die einem nicht mehr zustehen. Edel ist wieder, wenn einer auf Rente ist und trägt dann Jeans, mit Bauch und Hosenträgern. Das ist wieder edel. Ich hab aber keinen gekannt, außer Zaremba. Zaremba war edel. Der hätte welche tragen können, wenn er gewollt hätte, und es hätte keinen angestunken.

. . . . . .

Du bist in Ordnung, Willi[7]. Du kannst so bleiben. Du bist ein Steher. Ich bin zufrieden mit dir. Wenn ich ein Testament gemacht hätte, hätte ich dich zu meinem Alleinerben gemacht. Vielleicht hab ich dich immer unterschätzt. Wie du mir die Laube eingeredet hast, war sauber. Aber ich hab es auch nicht ehrlich gemeint, daß du dableiben solltest. Ich meine, ehrlich schon. Wir wären gut gefahren zusammen. Aber wirklich ehrlich nicht. Wenn einer sein Leben lang nie echt allein gewesen ist und er *hat* plötzlich die Chance, dann ist er vielleicht nicht ganz ehrlich. Ich hoffe, du hast es nicht gemerkt. Wenn doch, vergiß es. Als du weg warst, kam ich jedenfalls noch in eine ganz verrückte Stimmung. Erst wollte ich einfach pennen gehen, ganz automatisch. Meine Zeit war ran. Dann fing ich erst an zu begreifen, daß ich ab jetzt machen konnte, wozu ich Lust hatte. Daß mir keiner mehr reinreden konnte. Daß ich mir nicht mal mehr die Hände zu waschen brauchte vorm Essen, wenn ich nicht wollte. Essen hätte ich eigentlich müssen, aber ich hatte nicht *so* viel Hunger. Ich verstreute also zunächst mal meine sämtlichen Plünnen und Rapeiken möglichst systemlos im Raum. Die Socken auf den Tisch. Das war der Clou. Dann griff ich zum Mikro, warf den Recorder an und fing mit einer meiner Privatsendungen an: Damen und Herren! Kumpels und Kumpelinen! Gerechte und Un-

---

[7] Edgars Freund, auch Old Willi genannt

gerechte! Entspannt euch! Scheucht eure kleinen Geschwister ins Kino!
Sperrt eure Eltern in die Speisekammer! Hier ist wieder euer Eddie,
der Unverwüstliche ...
Ich fing meinen Bluejeans-Song an, den ich vor drei Jahren gemacht
hatte und der jedes Jahr besser wurde.

> Oh, Bluejeans
> White Jeans? — No
> Black Jeans? — No
> Blue Jeans, oh
> Oh, Bluejeans, jeah
>
> Oh, Bluejeans
> Old Jeans? — No
> New Jeans? — No
> Blue Jeans, oh
> Oh, Bluejeans, jeah

Vielleicht kann sich das einer vorstellen. Das alles in diesem ganz satten
Sound, in *seinem* Stil eben. Manche halten *ihn* für tot. Das ist völliger
Humbug. Satchmo ist überhaupt nicht totzukriegen, weil der Jazz nicht
totzukriegen ist. Ich glaube, ich hatte diesen Song vorher nie so gut
draufgehabt. Anschließend fühlte ich mich wie Robinson Crusoe und
Satchmo auf einmal. Robinson Satchmo. Ich Idiot pinnte meine ge-
sammelten Werke an die Wand. Immerhin wußte so jeder gleich Be-
scheid: Hier wohnt das verkannte Genie Edgar Wibeau. Ich war vielleicht ein Idiot, Leute! Aber ich war echt high. Ich wußte nicht, was
ich zuerst machen sollte. An sich wollte ich gleich in die Stadt fahren
und mir Berlin beschnarchen, das ganze Nachtleben und das und ins
Hugenottenmuseum gehen. Ich sagte wohl schon, daß ich väterlicher-
seits Hugenotte war. Ich nahm stark an, daß ich in Berlin Hinweise auf
die Familie Wibeau finden würde. Ich glaube, ich Idiot hatte die Hoffnung, das wären vielleicht Adlige gewesen. Edgar de Wibeau und so.
Aber ich sagte mir, daß um die Zeit wohl kein Museum mehr offen-
haben würde. Ich wußte auch nicht, wo es war.
Ich analysierte mich kurz und stellte fest, daß ich eigentlich lesen wollte,
und zwar wenigstens bis gegen Morgen. Dann wollte ich bis Mittag
pennen und dann sehen, wie der Hase läuft in Berlin. Überhaupt wollte
ich es so machen: bis Mittag schlafen und dann bis Mitternacht leben.
Ich wurde sowieso im Leben nie vor Mittag wirklich munter. Mein
Problem war bloß: Ich hatte keinen Stoff. — Ich hoffe, es denkt jetzt
keiner, ich meine Hasch und das Opium. Ich hatte nichts gegen Hasch.
Ich kannte zwar keinen. Aber ich glaube, ich Idiot wäre so idiotisch

gewesen, welchen zu nehmen, wenn ich irgendwo hätte welchen auf-
reißen können. Aus purer Neugierde. Old Willi und ich hatten seinerzeit
ein halbes Jahr Bananenschalen gesammelt und sie getrocknet. Das
soll etwa so gut wie Hasch sein. Ich hab nicht die Bohne was gemerkt,
außer daß mir die Spucke den ganzen Hals zuklebte. Wir legten uns
auf den Teppich, ließen den Recorder laufen und rauchten diese Schalen.
Als nichts passierte, fing ich an die Augen zu verdrehen und verzückt
zu lächeln und ungeheuer rumzuspinnen, als wenn ich sonstwie high
wäre. Als Old Willi das sah, fing er auch an, aber ich bin überzeugt,
bei ihm spielte sich genausowenig ab wie bei mir. Ich bin übrigens nie
wieder auf den Bananenstoff und solchen Mist zurückgekommen,
überhaupt auf keinen Stoff. Was ich also meine, ist: ich hatte keinen
Lesestoff. Oder denkt einer, ich hätte vielleicht Bücher mitgeschleppt?
Nicht mal meine Lieblingsbücher. Ich dachte, ich wollte nicht Sachen
von früher mit rumschleppen. Außerdem kannte ich die zwei Bücher
so gut wie auswendig. Meine Meinung zu Büchern war: Alle Bücher
kann kein Mensch lesen, nicht mal alle sehr guten. Folglich konzen-
trierte ich mich auf zwei. Sowieso sind meiner Meinung nach in jedem
Buch fast *alle* Bücher. Ich weiß nicht, ob mich einer versteht. Ich meine,
um ein Buch zu schreiben, muß einer ein paar tausend Stück andere
gelesen haben. Ich kann's mir jedenfalls nicht anders vorstellen. Sagen
wir: dreitausend. Und jedes davon hat einer verfaßt, der selber dreitausend gelesen hat. Kein Mensch weiß, wieviel Bücher es gibt. Aber
bei dieser einfachen Rechung kommen schon ... zig Milliarden und
das mal zwei raus. Ich fand, das reicht. Meine zwei Lieblingsbücher
waren: Robinson Crusoe. Jetzt wird vielleicht einer grinsen. Ich hätte
das nie im Leben zugegeben. Das andere war von diesem Salinger[8]. Ich
hatte es durch puren Zufall in die Klauen gekriegt. Kein Mensch kannte
das. Ich meine: kein Mensch hatte es mir empfohlen oder so. Bloß gut.
Ich hätte es dann nie angefaßt. Meine Erfahrungen mit empfohlenen
Büchern waren hervorragend mies. Ich Idiot war so verrückt, daß ich
ein empfohlenes Buch blöd fand, selbst wenn es gut war. Trotzdem
werd ich jetzt noch blaß, wenn ich denke, ich hätte dieses Buch vielleicht nie in die Finger gekriegt. Dieser Salinger[9] ist ein edler Kerl. Wie
er da in diesem nassen New York rumkraucht und nicht nach Hause
kann, weil er von dieser Schule abgehauen ist, wo sie ihn sowieso exen
wollten, das ging mir immer ungeheuer an die Nieren. Wenn ich seine
Adresse gewußt hätte, hätte ich ihm geschrieben, er soll zu uns rüber-
kommen. Er muß genau in meinem Alter gewesen sein. Mittenberg

---

[8] J. D. Salinger: Der Fänger im Roggen. Reinbek, Rowohlt Verlag 1967 (rororo 851).
[9] Gemeint ist Holden, die jugendliche Hauptgestalt in dieser Erzählung.

war natürlich ein Nest gegen New York, aber erholt hätte er sich hervorragend bei uns. Vor allem hätten wir seine blöden sexuellen Probleme beseitigt. Das ist vielleicht das einzige, was ich an Salinger nie verstanden habe.

Hans Joachim Schädlich
Apfel auf silberner Schale 48

Bine wollte raus am Sonntag. Ich? Hatte selber Frischluft nötig. Also wir los. Ich kenn 'ne Obstplantage, um die Zeit ist da keiner. So halb auf'm Berg, mit Fernblick auf die LPG, da kannste stundenlang in der Sonne liegen. Haste Kohldampf, schüttelste 'n Baum. Brauchst die Vitamine bloß aufsammeln. Gras gibt 's auch, schön weich. Wir also 'n ganzen Tag Adam und Eva. So zwischen fünfe sind wir abgehauen. Bine wollte noch tanzen gehen. Bloß, es fuhr kein Bus. Wir stehen und stehen.
Lieber zelt ich hier als jetzt tippeln, sagt Bine.
Die braucht nich lange warten. Hält so'n Typ mit 'm blauen Fiat, Marke Polski. Bine sitzt schon halb, da komm ich.
Na schön, sagt der.
Bine vorn, ich hinten. Stellt sich raus, der Clown fährt gar nich in die Stadt. Is bestimmt 'ne Finte, denk ich, und siehste, der muß auf seine, sagt der doch tatsächlich Datsche. Schönschön, Bine in der Laube von dem Onkel da, aber ich bin auch noch hier, was hat sich denn die Halbglatze ausgedacht?
Die Zweitwohnung von dem hättste sehen sollen, Mensch. Ich dacht immer, so was gibt 's bloß hinter der Grenze, wo das andere Land wuchert. 'ne komplette Villa am See. Ich erst mal rein und das ganze Ding abgeleuchtet. Ich mußt immer an Kutte denken, wie der wohnt mit seinen Wurzeln.
Dieser aufgeschwemmte Komiker grinst bloß, schenkt uns was ein, Whisky, für achtzig Mark die Flasche oder von drüben, und Bine, das Stück, tut glatt, als kotzt sie der ganze Mist nich an. Aalt sich im Ledersessel, der Onkel schmeißt seine Anlage an, 'ne original Rhythmusmaschine, Platten hat er auch, viel zu schade für den, und Bine hilft sich hoch, Zigarette zwischen den Zähnen, und tanzt, solo.
Öde. Ich geh auf die Terrasse, die Tür laß ich offen, bißchen atmen. Mal sehen, was der Bootsschuppen macht, ich steig runter, vielleicht rudern, is aber alles dicht. Ich steh so am Ufer, eine rauchen.

Wieder zurück, Musik is immer noch, ich komm rein, sitzt doch Bine auf dem Clown sei'm Schoß. Wenn ich dadran denk, kommt mir wieder der Kaffee hoch.

Ich sag, Bine, laß den Sabbel, wir ziehen jetzt Leine.

Aber denkste. Die rotzfrech, sagt, Käs nich rum, gib mir lieber 'ne Zigarette.

Und jetzt auch der Komiker, Nimm dir was zu trinken, Junge, schieß doch nich quer, ihr könnt hier übernachten, undsoweiter.

Nach jedem zweiten Wort kullert der die ganz irre an.

Ich sag noch mal, Der geht mir auf 'n Senkel, was willst du denn mit so 'm verschimmelten Affengesicht.

Aber Bine sagt bloß, Mensch, mir schießt gleich 's Wasser in de Augen. Laß mich doch. Mir gefällt's hier. Noch drei Jahre, und ich seh aus wie 'n alter Apfel. Dann kann ich immer noch unterm Baum liegen.

Ich steh so da und krieg 'ne unheimliche Wut. Bine links und rechts 'n paar kleben, dem Onkel mit 'm Kaminhaken eins über die Rübe, die ganze Bude in Klump hauen, die Gläser, die Fensterscheiben, rumbrüllen, daß die Scherben klirren, das wär jetzt fällig.

Plötzlich denk ich, Mann, den ganzen Scheiß muß ich schon mal irgendwo im Kino gesehen haben. Lieber lauf ich die ganze Nacht als noch drei Sekunden bleiben.

Ich reiß die Tür auf und raus, raus hier.

Bine hab ich sofort vergessen. Und ihr neuer Typ, so was is für mich gestorben, aber das lebt.

Jurek Becker
Die Klage 49

Im Frühjahr 1973 brachte mein Sohn Leonard aus der Schule einen Brief folgenden Inhalts nach Hause: „Sehr geehrte Eltern! Ihr Sohn Leonard folgt leider nur dann aufmerksam dem Unterricht, wenn er interessant ist."

Individualismus und Innerlichkeit

Eingerichtet auf dem Gestirn
unseres Schmerzes
als Baracke. Aber fester denn jede Festung
und dauernder. Ausgesetzt
den bittersten Wettern. Ewiges Provisorium:
Ich.[1]

Günter Kunert

Johannes Bobrowski
Das Wort Mensch

50

Das Wort Mensch, als Vokabel
eingeordnet, wohin sie gehört,
im Duden:
zwischen Mensa und Menschengedenken.

Die Stadt
alt und neu,
schön belebt, mit Bäumen
auch
und Fahrzeugen, hier

hör ich das Wort, die Vokabel
hör ich häufig, ich kann
aufzählen von wem, ich kann
anfangen damit.

Wo Liebe nicht ist,
sprich das Wort nicht aus.

Christa Wolf
„Nichts weiter als ein Mensch sein"

51

Auch hier (siehe Text 24) erinnert sich die Verfasserin an ihre Studienkameradin
Christa T. (Krischan):

Mir fällt ein, daß wir sie nie fragen konnten: Was willst du werden?
Wie man andere doch fragt, ohne fürchten zu müssen, an Unaussprech-
liches zu rühren. Man saß sich gegenüber, im Oberstock unseres Stamm-
cafés (Christa T. hatte die Universität gewechselt, auch das Fach, sie
studierte das dritte, vierte Jahr, als ich sie wiedertraf), sie blätterte in

---

[1] Aus: Notizen in Kreide. In: Verkündigung des Wetters, München 1966, S. 7.

Aufzeichnungen. Man sieht sie oft an diesem runden Marmortisch in der Nische sitzen, mit verschiedenen Leuten, die nur mit ihr, nicht untereinander befreundet sind. Sie sitzt auch allein da, sie hat zu tun, scheint es. Sie bereitet sich vor — worauf? Mit den letzten Pfennigen Stipendium bezahlt sie den billigen dunklen Kuchen, sie tut, was alle tun, warum soll man sie nicht fragen dürfen, es wäre ja gelacht: Was willst du werden, Krischan? Da läßt sie die Kladde sinken, mit einer Bewegung, die man nicht gesehen haben will, da hat sie das Seminar vergessen, das ihr Sorge machte, kann lange hinaussehen, hinunter auf die Leute, die einzeln und in Gruppen aus der dunklen gegenüberliegenden Gasse treten, sich trennen, einander noch einmal zuwinken oder gemeinsam weitergehen: Alltäglicher konnte kein Schauspiel sein. Was sah sie denn?

Also? — Der bekannte Blick, dunkel, leicht spöttisch, ein wenig vorwurfsvoll. Ich? Lehrerin doch wohl? konnte sie fragen. Da gab man es auf, da schwieg man, ließ die Sache auf sich beruhen, bestand nicht darauf, sie festzulegen, da allzu deutlich war: Sie konnte es wirklich nicht wissen. Sie gab sich ja Mühe hineinzupassen, sie fiel nicht aus bloßem Übermut heraus. Sie hatte ja den guten Willen, sich einen Namen zuzulegen, die auf andere so vorzüglich zutrafen, sie hat es sich als Mangel angekreidet, daß sie nicht fröhlich wie aus der Pistole geschossen erwidern konnte: Lehrerin, Aspirantin, Dozentin, Lektorin ... Ach, sie traute ja diesen Namen nicht. Sie traute sich ja nicht. Sie zweifelte ja, inmitten unseres Rauschs der Neubenennungen, sie zweifelte ja an der Wirklichkeit von Namen, mit denen sie doch umging; sie ahnte ja, daß die Benennung kaum je gelingt und daß sie dann nur für kurze Zeit mit dem Ding zusammenfällt, auf das sie gelegt wurde. Sie zuckte davor zurück, sich selbst einen Namen aufzudrücken, das Brandmal, mit welcher Herde in welchen Stall man zu gehen hat. *Leben, erleben, freies großes Leben! O herrliches Lebensgefühl, daß du mich nie verläßt! Nichts weiter als ein Mensch sein ...*

Was willst du werden, Krischan? Ein Mensch? Nun weißt du ...

Sie ging ja schon. Sie gab ja zu, daß man an sich zu arbeiten hatte. Sie verschwand für Tage. Sie arbeite, hieß es, und wir taten, als glaubten wir daran; dann war sie wieder da, kurz vor den Prüfungen. Wir hatten den ganzen Stoff schon wiederholt, wir hatten schon unsere Kladden ausgetauscht, hatten schon Auszüge gemacht und Karteikarten angelegt, hatten Lernkollektive gebildet und waren Verpflichtungen eingegangen: Keine Durchschnittsnote unter „gut"! Da erschien sie wieder und konnte sich unschuldsvoll nach den Themen erkundigen. Wir verbargen unsere Verzweiflung. Anstatt sie in der nächsten Versammlung zu befragen, wo sie denn um Gottes willen gewesen sei,

womit sie denn ihre Tage hingebracht habe, anstatt sie zur Verantwortung zu ziehen, steckte man ihr Hefte zu, bot ihr Hilfe an. Günter,
unser sommersprossiger Sekretär, legte ihr seine Tabellen vor: wie sie
durch schlechte Lernergebnisse die Durchschnittsnoten ihrer Seminar-
gruppe drücken werde. Ob sie das wirklich wolle? — Um keinen Preis!
sagte Christa T., ihr seid ja alle so tüchtig! Sie ging zu einer Freundin,
Gertrud Born, und ließ sich das Versschema der Merseburger Zaubersprüche abfragen, gehorsam deklamierte sie: Ik gihôrta dat seggen,
es wurde spät, sie mußte nach Hause gebracht werden. Es stellte sich
heraus, daß sie Dostojewski gelesen hatte und nun nachdenken mußte
über die Behauptung, das Allerweichste könne das Allerhärteste be-
siegen. Ob dieser Satz immer gelte, mußte man sich doch fragen.

Wolf Biermann
Rücksichtslose Schimpferei   52

1

Ich Ich Ich
bin voll Haß
bin voll Härte
der Kopf zerschnitten
das Hirn zerritten

Ich will keinen sehn!
Bleibt nicht stehn!
Glotzt nicht!
Das Kollektiv liegt schief

Ich bin der Einzelne
das Kollektiv hat sich von mir
i s o l i e r t
Stiert mich so verständnisvoll nicht an!
Ach, ich weiß ja schon
Ihr wartet mit ernster Sicherheit
daß ich euch
in das Netz der Selbstkritik schwimme

Aber ich bin der Hecht!
Ihr müßt mich zerfleischen
zerhacken, durchn Wolf drehn
wenn ihr mich aufs Brot wollt!

2

Ja, wenn ich zahnlos wäre
nenntet ihr mich reif

Wenn ich bei jeder fetten Lüge
milde lächeln würde
wär ich euch der Kluge

Wenn ich über das Unrecht hinweggehn würde
wie ihr über eure Frauen hinweggeht
— ihr hättet mich schon längst
in euer Herz geschlossen

3

Das Kind nicht beim Namen nennen
die Lust dämpfen und
den Schmerz schlucken
den goldenen Mittelweg gehen
am äußersten Rande des Schlachtfelds
den Sumpf mal Meer, mal Festland nennen
das eben nennt ihr
V e r n u n f t
Und merkt nicht, daß eure Vernunft
aus den Hirnen der Zwerge
aus den Schwänzen der Ratten
aus den Ritzen der Kriechtiere
entliehen ist? Ihr
wollt mir den Kommunismus predigen
und seid die Inquisition des Glücks. Ihr
zerrt die Seelen auf den Feuerpfahl. Ihr
flechtet die Sehnsucht auf das Rad. Ihr!
Geht mir weg mit euren Schwammfressen!
Geht beleidigt und entrüstet!
Geht mit Kopfschütteln über meine falsche Haltung
aber *Geht*!

4

Ich will beharren auf der Wahrheit
ich Lügner

5

Ich habe euch lieb
Hier habt ihr den Schrieb
schwarz auf weiß
ich liebe euch heiß
aber jetzt laßt mich bitte allein sein
auf der schiefen Linie
getrennt vom Kollektiv
Ich liege eben schief
Ich lieg bei meiner Frau
und die kennt mein Herz

Günter Kunert
Individueller Ausbruchsversuch   **53**

1

Allein zu sein: Allein. Allein
Das ist die Trübsal und die seltne Eigenheit
Des großen Menschenaffen dieses abgeplatteten Planeten.

2

Worin er umgeht: Sein besondres Fleisch
Wuchs auf zur Dornenhecke mit der Menschenaffenzeit
Die er sich manchmal mühte zu zertreten

3

Und auszuroden. Immer neu gefangen
Gewaltig rüttelnd am Gegitter seines Ich:
Daraus kann ihn kein anderer befrein.

4

Das hofft ans Ziel noch einmal zu gelangen
Und kommt nicht weiter als zu sich
Und steht am Ende wieder da: Allein. Allein.

Der Droste würde ich gern Wasser reichen
in alte Spiegel mit ihr sehen, Vögel
nennen, wir richten unsre Brillen
auf Felder und Holunderbüsche, gehen
glucksend übers Moor, der Kiebitz balzt
Ach, würde ich sagen, Ihr Levin[2] —
schnaubt nicht schon ein Pferd?

Die Locke etwas leichter — und wir laufen
den Kiesweg, ich die Spätgeborne
hätte mit Skandalen aufgewartet — am Spinett
das kostbar in der Halle steht
spielen wir vierhändig Reiterlieder oder
das Verbotene von Villon[3]
Der Mond geht auf — wir sind allein

Der Gärtner zeigt uns Angelwerfen
bis Levin in seiner Kutsche ankommt
der schenkt uns Zeitungsfahnen, Schnäpse
gießen wir in unsre Kehlen, lesen
Beide lieben wir den Kühnen, seine Augen
sind wie grüne Schattenteiche, wir verstehen
uns jetzt gründlich auf das Handwerk FISCHEN

Kleine Adresse

Aufstehn möcht ich, fortgehn und sehn,
ach, wär ich Vogel, Fluß oder Eisenbahn,
besichtigen möcht ich den Umbruch der Welt.
Wo ist die Praxis hinter der Grenze? Wo
Steppenkombinate? Slums? Streiks?
Weizen im Meer? Segen und Fluch der
Zivilisation? Warum nicht New York?
Durch alle Straßen muß ich in Stöckelschuhn,
dreieckige Birnen suchen im U-Bahn-Schacht,
gehn, alles sehn, was ich
früh aus spreutrockenen Zeitungen klaube.
Dann, wenn ich müde und traurig bin

[2] Levin Schücking (1814—1883), Schriftsteller, Freund der Droste.
[3] Vgl. Anm. 5, S. 140.

— vielleicht stimmts, Aluminiumfassaden, am Cityrand Dreck —
fahr ich im Lift in die x-te Etage, rede
mit der Klimaanlage, nehm einen Drink, notiere
das klassenbewußte Broadway-Gedicht.
Pack meinen Koffer, werfe ein blutendes
Plasteherz ein, und weiter gehts, gradaus
nach Sibirien, wo Bäume geerntet werden.
Hah, wie schrein die elektrischen Sägen, wie steigt
Sägemehl pyramidenhoch, wie wuchert der Wald, wie
brechen die Städte herein! Und die Flüsse!
Im Boot will ich sein, über Fische treiben, die
werden gefangen wie immer, doch die ergrauten
Söhne der Fischer baun Wasserkanonen, zersägen
mittlere Berge damit, setzen Staudämme ein
und verteilen das Wasser gerecht. Mit ihnen
rede ich nächtelang, Gebratenes kauend und Wodka.
Ach, warum bin ich Dichter, ackre den Wagen
der Schreibmaschine übers kleine Papierfeld, fahr Taxi
und koche mit Wasser?
Wär ich Ardenne[4], Gewichtheber, Fluß oder Eisenbahn —
fortgehen möcht ich, sehn und
wiederkommen.

Reiner Kunze
Pfarrhaus   **55**
(für pfarrer W.)

> Wer da bedrängt ist findet
> mauern, ein
> dach und
>
> muß nicht beten

---

[4] Prof. Manfred v. Ardenne, Dresden, bekannter Naturwissenschaftler

brot und blut
dunkel und weiß
vom leib gottes —

du mein femininer tod —
diese tiefblaue trunkenheit
dieser stunde erstrahlen
das ist wein den die nacht durchscheint
kerzenrauch und ehernes brot
darin ist schlaf ist versunkenheit so
meerhaft ist das hallen hoher kathedralen
jubelruhe — mahl mancher abendstunde
bis weißer traum mich weckt wie

leicht mir im munde
fleisch von deinem leibe
der metallisch schmeckt.

sehnsucht nach einer orgel

so seltsame sehnsucht nach einem klang
für diesen lang vorausgesagten abend
an dem die wörter wiederkommen —

sommer sommer ich sagte sommer
du daß die wärme der wilden kirschbäume
im gras liegt der duft eines späteren regens
sich birgt im sand der rosen am fuß
der unsäglich dunkelnden luft ein
fels der abkühlt —
musik für einen juni — einen fels
für diesen abend betrunken von stille
für den sommer für den durst der früchte
für dies leben diesen fels
einen schweren lobgesang —

du denk dir was ich nicht sagen kann denk
meine sehnsucht nach einer seltenen musik
nach einer hymne
die ich nicht singen kann —

Abgrenzung zur Bundesrepublik

Der Vogel Schmerz

Nun bin ich dreißig jahre alt
und kenne Deutschland nicht:
die grenzaxt fällt in Deutschlands wald.
O land, das auseinanderbricht
im menschen . . .

Und alle brücken treiben pfeilerlos.
Gedicht, steig auf, flieg himmelwärts!
Steig auf, gedicht, und sei
der vogel schmerz.[1]   *Reiner Kunze*

Aussagen zur „Abgrenzung" bzw. zur „nationalen Frage"
Walter Ulbricht
Zur nationalen Frage   57

Die Integration der BRD in die NATO und die imperialistische Global-
strategie der USA einerseits und die Entwicklung der souveränen sozialistischen Deutschen Demokratischen Republik andererseits hat eine
immer schärfere staatliche Abgrenzung zwischen den beiden Staaten
und Gesellschaftssystemen bewirkt. Im Prozeß der Entwicklung der
Arbeiter-und-Bauern-Macht und des sozialistischen Aufbaus hat sich
die DDR als sozialistischer deutscher Nationalstaat herausgebildet.
Die *bürgerliche deutsche Nation,* die sich im Prozeß des Übergangs vom
Feudalismus zum Kapitalismus entwickelt und die im Rahmen eines
einheitlichen Staates von 1871 bis 1945 bestanden hatte, *existiert nicht
mehr.* Die DDR ist der sozialistische deutsche Nationalstaat, in ihr vollzieht sich der Prozeß der Herausbildung einer sozialistischen Nation.
Dafür sind bereits unwiderrufliche Tatsachen entstanden. Die BRD
ist ein imperialistischer Staat der NATO und verkörpert den verbliebe-
nen Teil der alten bürgerlichen deutschen Nation unter den Bedingungen des staatsmonopolistischen Herrschaftssystems.
. . . . . .
Während der Gegner Beziehungen zur DDR nutzen will, um im Zeichen
einer fiktiven „nationalen Gemeinsamkeit" die DDR der BRD anzu-

---

[1] Aus: Deutsche Teilung. Ein Lyrik-Lesebuch, hrsg. von Kurt Morawietz. Nachwort
von Reimar Lenz. Wiesbaden 1966. S. 239.

nähern und mit der sozialdemokratischen Gesellschaftstheorie in der DDR Fuß zu fassen, ist unsere Politik darauf gerichtet, solche Beziehungen zur BRD herzustellen, die uneingeschränkt dem Völkerrecht entsprechen, der objektiven und unvermeidlichen weiteren Abgrenzung zwischen den Systemen Rechnung tragen und damit alle Pläne für irgendwie geartete „innerdeutsche Beziehungen" durchkreuzen.

Wenn die Politik des Gegners auf Verklammerung mit der DDR hinausläuft, kann es nur um entschiedene Abgrenzung gehen. Das ist die Voraussetzung für eine offensive Politik der friedlichen Koexistenz gegenüber der BRD.

Erich Honecker
Normalisierung — ein nicht mehr zu umgehendes Gebot

Schließlich wird es nur die Ratifizierung der zur Erörterung stehenden Verträge ermöglichen, die Abkommen zwischen der DDR und der BRD sowie zwischen der DDR und Westberlin in Kraft zu setzen und eine Entwicklung einzuleiten, die zu einem friedlichen Nebeneinander zwischen der DDR und der BRD führt, also letzten Endes zu gutnachbarlichen Beziehungen im Interesse des Friedens . . .

Diese Politik der friedlichen Koexistenz entspricht so umfassend den Interessen der Völker, ist so fest fundiert in unserer sozialistischen Gemeinschaft, daß es geradezu lächerlich wirkt, wenn einige Leute in der BRD den untauglichen Versuch unternehmen, ihre Ernsthaftigkeit mit dem Gerede in Frage zu stellen, sie stände im Widerspruch zu dem objektiven Prozeß der Abgrenzung, der sich bereits über zwei Jahrzehnte hinweg zwischen der BRD und der DDR vollzieht. Von einem solchen Widerspruch kann selbstverständlich keine Rede sein. Eine aktive Politik der friedlichen Koexistenz setzt gerade die Respektierung der Tatsache voraus, daß die Deutsche Demokratische Republik ein souveräner sozialistischer Staat und ein festes Glied der Gemeinschaft sozialistischer Staaten ist. Gerade weil zwischen den Gesellschaftssystemen des Sozialismus in der Deutschen Demokratischen Republik und des Kapitalismus in der BRD eine unüberbrückbare Kluft besteht, weil es zwischen ihnen nichts Gemeinsames geben kann, sind Beziehungen der friedlichen Koexistenz der einzig mögliche Weg, um normale Beziehungen unter Ausschaltung von Gewaltanwendung und kriegerischer Konflikte zu unterhalten. Das ändert nichts am objektiven Prozeß der geschichtlichen Auseinandersetzung zwischen Sozialismus und Kapitalismus. Das ist vielmehr der Beitrag der sozialistischen Staatengesellschaft für die Sicherung des Friedens im Interesse der Völker. Sozialismus und Friedenspolitik bedingen einander.

Auch künftig werden wir gegenüber der BRD eine prinzipielle Politik betreiben, denn nur von einem prinzipiellen Standpunkt aus kann man, wie Lenin lehrte, die richtige Taktik bestimmen. Wir verankern unsere Republik noch fester in der sozialistischen Staatengemeinschaft und vertiefen den Bruderbund mit der Sowjetunion. So werden wir auch künftig gemeinsam mit den anderen sozialistischen Ländern erfolgreich sein ...

Hanns Cibulka
Zwei Silben   58

Landschaft über Landschaft
habe ich getrunken,
zwanzig Monde Steppe,
dreihundert Tage
den Himmel von Paestum
und Monte Cassino,
und dann die kleine Sehnsucht
der Wiesen vor Alkmaar,
wo der Mond wie ein Wiegenlied
über die Grachten ging.

Landschaft
über Landschaft.

Heute
liebe ich ein Stück Erde,
zu kalt für den feurigen Wein,
zu warm für die Pelze
des Nordens.

Jeden Morgen
steht es in mir auf,
und kommt der Abend,
geht es in meinem Herzen
zur Ruh.

Ein kleines Stück
der neuen großen Welt,
voll von dem, was verging
und was noch kommen wird,
eine Landschaft
voll Arbeit und Frieden,
und zwei Silben Sehnsucht —
Deutschland.

ich weiß nicht was soll es bedeuten
die welt schaut sehr merkwürdig aus
die eben das Taglicht noch scheuten
die kamen schon längst wieder raus.

da flattert so manches gelichter
und schnuppert vergnügt in den wind
es gibt kaum noch höhere richter
die nicht nazis waren und sind.

die würdigen Bundesminister
verehren den herrn jesse christ
und sind dabei reisige rüster
und keiner ist noch pazifist.

auch schreiten die herrn generale
wie ehedem silbern besternt
nicht einer hat aus dem finale .
des letzten versuchs was gelernt.

der antifaschist hockt im kittchen
der wehrwirtschaftsführer regiert
und beichtet einschlägigen flittchen
wie hoch er und wen er geschmiert.

der prediger predigt von babel
und tanzt selbst ums güldene kalb
der dichter beschaut seinen nabel
und fragt nicht wofür und weshalb.

die menge starrt blind in die röhre
und siehet dort alles und nichts
und hört nicht die schnatternden chöre
des bundesverfassungsgerichts.

und wissend und unwissend spalten
sie frieden und welt und atom
und graben die gruft sich und falten
die Händchen vorm kriegsgott aus chrom.

sie lassen sich jegliches bieten
und falln wieder alle in schuld
und steigen auch preise und mieten
sie üben sich dumpf in geduld.

da scheinen in brüdern und schwestern
die hirne und herzen versteint
und wer sie erinnert an gestern
der gilt als ein lügner und feind.

so sieht es heut aus in den leuten
sie werden, so scheint's nie gescheit
ich weiß nicht was soll es bedeuten —
DU WEISST NICHT? DANN WIRD'S ABER ZEIT!

Günter Kunert
Schillers Bett

60

Schillers Bett steht im Schillerhaus
der Goethestadt[2]. Vor dem Bett stehen Touristen:
Wir wollen sein[3], wissen nicht was, ehrfürchtig
zumindest oder wenigstens verschämten Gähnens Herr,
müde vor der winzigen Ruhestätte: zu klein
für meinen Freund Reinhard[4],

sein magerer Leib liegt, der leinenen Jacke,
der Brille entkleidet,
jetzt

sich räkelnd im Grunewald und
wuchert der Erde zu, Schiller
hierin folgend.

Ein einig etwas wollen wir sein, nicht eineiig.
Keine Zwillinge. Keine deutschen Siamesen.

Vor dem Bettchen, der fahlen Decke, entfärbten
Kränzchen, dem Schleifchen, stellt sich
nicht her, was wir nie waren: ein einig Volk.

Ein Volk von einigen Herrschaften, vielen
Knechtschaften, versippt nur wie Habicht und Huhn.

Brüder aber
sind Lettau in Berlin und ich in Berlin
und alle,
verdammt zum Erwachen aus Tellschen Träumen.

---

[2] Weimar.
[3] Vgl. Schiller, Wilhelm Tell II, 2: Wir wollen sein ein einzig Volk von Brüdern,
in keiner Not uns trennen und Gefahr. „einzig" wird meist als „einig" wiedergegeben, so auch hier in Abschnitt 4.
[4] Reinhard Lettau, geb. 1929, westdeutscher Schriftsteller.

139

Kapitel I

Im deutschen Dezember floß die Spree
von Ost- nach Westberlin
da schwamm ich mit der Eisenbahn
hoch über die Mauer hin

Da schwebte ich leicht übern Drahtverhau
und über die Bluthunde hin
das ging mir so seltsam ins Gemüt
und bitter auch durch den Sinn

Das ging mir so bitter in das Herz
— da unten, die treuen Genossen —
So mancher, der diesen gleichen Weg
zu Fuß ging, wurde erschossen

Manch einer warf sein junges Fleisch
in Drahtverhau und Minenfeld
durchlöchert läuft der Eimer aus
wenn die MP von hinten bellt

Nicht jeder ist so gut gebaut
wie der Franzose Franz Villon[5]
der kam in dem bekannten Lied
mit Rotweinflecken davon

Ich dachte auch kurz an meinen Cousin
den frechen Heinrich Heine
der kam von Frankreich über die Grenz
beim alten Vater Rheine

Ich mußte auch denken, was allerhand
in gut hundert Jahren passiert ist
daß Deutschland inzwischen glorreich geeint
und nun schon wieder halbiert ist

Na und? Die ganze Welt hat sich
in Ost und West gespalten
doch Deutschland hat — wie immer auch —
die Position gehalten:

---

[5] François Villon, französischer Lyriker aus vorklassischer Zeit, lebte im 15. Jahrhundert. Biermann hat eine „Ballade auf den Dichter François Villon" geschrieben, auf die er hier hinweist.

Die Position als Arsch der Welt
Sehr fett und sehr gewichtig
Die Haare in der Kerbe sind
aus Stacheldraht, versteht sich

Daß selbst das Loch — ich mein' Berlin —
in sich gespalten ist
da haben wir die Biologie
beschämt durch Menschenwitz

Und wenn den großen Herrn der Welt
der Magen drückt und kneift
dann knallt und stinkt es ekelhaft
in Deutschland. Ihr begreift:

Ein jeder Teil der Welt hat so
sein Teil vom deutschen Steiß
der größre Teil ist Westdeutschland
Mit gutem Grund, ich weiß.

Die deutschen Exkremente sind
daß es uns nicht geniert
in Westdeutschland mit deutschem Fleiß
poliert und parfümiert

Was nie ein Alchemist erreicht
— sie haben es geschafft
Aus deutscher Scheiße haben sie
sich hartes Gold gemacht

Die DDR, mein Vaterland
ist sauber immerhin
die Wiederkehr der Nazizeit
ist absolut nicht drin

So gründlich haben wir geschrubbt
mit Stalins hartem Besen
daß rot verschrammt der Hintern ist
der vorher braun gewesen

Geschichtenerfinden ist mein Geschäft. Aber dies hier ist nichts Erdachtes, sondern ein Stück Wahrheit, und wenn schon nicht Wahrheit in dem Sinne, daß es Hintergründe und Zusammenhänge deutlich machte, so war sie doch Wirklichkeit, meine Begegnung mit Löffel-Franz. Seine Fama sprach sich zu mir durch, ehe ich ihn sah: Er hatte einen Löffelstiel geschluckt; er sei überhaupt, hieß es, ein wenig verrückt. Jeder, der ein Weilchen aus dem Blechnapf frißt, hört von dieser Eskalation des Protests, wenn einem Häftling ein Problem über den Kopf wächst und Gesuche an die Anstaltsleitung nichts fruchten: Hungerstreik, Löffelschlucken, Aufschneiden der Pulsadern. Nur einen lernte ich kennen, der sich einen Aluminiumstiel durch die Kehle preßte, wohlweislich nicht mit der Bruchstelle zuerst: Er war im Lazarett mit Sauerkraut und Suppe gefüttert worden, bis der Stiel auf natürlichem Wege den Körper verließ. Franz wurde dem Anstaltsleiter vorgeführt, der solcherlei Aufregung natürlich nicht mochte. Warum machen Sie derartige Geschichten? Und der Anstaltsleiter fügte hinzu, was ihm eher hätte einfallen sollen: Können wir Ihr Problem nicht auf vernünftige Weise klären? Ein Kompromiß wurde geschlossen; zehn Tage nach seiner Tat, die ihn knastbekannt machte, arbeitete Franz wieder in seiner alten Brigade.

Das geschah 1963 oder 64 in Bautzen. Auf dem Hof während der Freistunde zeigte mir jemand einen großen blonden Dreißiger: Löffel-Franz. Er sah nicht aus wie ein Verrückter und war natürlich nicht verrückt, vielmehr haftbedingt nervös, vielleicht neigte er schon immer zum Jähzorn. Er stammte aus dem Saargebiet, war Zöllner gewesen; was ihn nach Bautzen verschlagen hatte, wußte keiner. Sein Strafmaß: Acht Jahre. Also solide Mittelsorte, nichts, dem gegenüber man hilflos die Schultern hob: Lebenslänglich, fünfzehn. Auch keiner unter drei, der allen auf die Nerven ging, weil er immerzu von seiner Entlassung schwafelte und sich gar nicht die Zeit nahm, warm zu werden. Von einer Stunde auf die andere saßen Franz und ich schließlich nebeneinander und träufelten, verständlicher: wir legten Spulen in die Ständer von E-Motoren ein. Ich wußte, wer er war, er wußte, wer ich war. Nie überfiel ... mit Fragen, weil ich selber nicht gern damit zugedeckt wurde. ... n wollte, warum ich saß, sagte ich, ich hätte die DDR- ... ersucht, um Staatssekretär für Kirchenfragen zu ... . Wenn einer fragte, ob ich als Schriftsteller ... n gehabt hätte, antwortete ich, das ... ätte Experimente in dieser Richtung ... um.

Ich fragte Franz auch am dritten Tag nicht, warum er einen Löffelstiel geschluckt hätte. Das verblüffte ihn. Am vierten Tag hielt er es nicht länger aus und versicherte mir heftig und lautstark, er hätte seinen triftigen Grund gehabt, der niemanden etwas anginge, vor allem hätte er gegenüber der Anstaltsleitung sein Ziel erreicht. Ich hörte ihm bis zum Ende zu und versicherte, ich glaube ihm durchaus, daß er einen schwerwiegenden Grund gehabt habe, denn wer schlucke sonst einen Löffelstiel? Und daß Franz seinen Kopf durchgesetzt hätte, freute mich für ihn. Dann fragte ich nach seinem Dorf, nach der Landschaft, dem Dialekt. Weinberge? Felder? Zechen?

Zwei Wochen lang arbeiteten wir nebeneinander. Wir verglichen die Methode bäuerlicher Schlachtfeste in Sachsen und im Saargebiet: Zeit hatten wir ja. Also der Fleischer kommt früh um sechs, der Fleischbeschauer um sieben — wer besorgt die Gewürze? Je gründlicher Franz erzählte, desto ruhiger wurde er. Zwei Drittel des Magens und ein Stück Darm waren ihm damals schon herausgeschnitten worden, ich hatte, wenn nicht alles trog, diese Operation noch vor mir, das schuf zusätzlichen Gesprächsstoff. Zöllner war er gewesen an der Grenze zwischen dem Saargebiet und Lothringen. Was tat ein Zöllner? Was wurde geschmuggelt? Gehaltsklassen, Pensionsberechtigung — ich hörte zu. Zwei Kinder hatte Franz, er zeigte mir Bilder, ein Junge von sechs, ein Mädchen von fünf. Das Bild seiner Frau — Donnerwetter, versicherte ich, was hast du für eine hübsche Frau! Der Junge war ein Wildfang, die Oma hatte alle Mühe mit ihm; das Haus lag an einer verkehrsreichen Straße, da hieß es aufpassen. Seine Frau arbeitete in einem Lebensmittelgeschäft als Verkäuferin, den Eltern ging es wirtschaftlich ausgezeichnet, ach, nein, Sorgen um das äußerliche Wohl seiner Familie brauchte er sich nicht zu machen. Daran, wie er von seiner Frau sprach, merkte ich, daß er sich schmerzhaft nach ihr sehnte.

Dreißig Jahre alt war Franz. Nach ein paar Tagen entpuppte er sich als etwas, das in dieser Altersgruppe selten ist: er war Monarchist. Einen Kaiser brauchte Deutschland wieder, verkündete er, eine Respektperson, an der sich alle ein Vorbild nehmen könnten. Halt hatte dann jeder, die Sitten würden nicht weiterhin verwildern. Er wäre durchaus bereit, jeden Monat ein paar Mark zu spenden, damit ein Kaiserhaus repräsentativ leben könnte, und wie er dächten viele. Einige widersprachen, andere grienten, da stritt Franz hektisch sich rötenden Kopfes, das verlockte diesen und jenen, Franz nun erst recht zu reizen, und für zwei Tage trug er diesen Spitznamen: Kaiser Franz. Saarland, sagte ich, als wir wieder träufelten, wie war das eigentlich mit diesem Volksentscheid? Franz beruhigte sich nach und nach, sachkundig erläuterte er mir die Grundzüge eines gewissen Saarstatuts, das das Saarland zu einem der reichsten Gebiete der Welt gemacht hätte, aber die Saarbevölkerung hätte dagegengestimmt, und so wäre sein Ländle zur Bundesrepublik geschlagen worden. Ich entsann mich dunkel heftiger Schlagzeilen in unserer Presse: „Adenauer verschachert die Saar!" Die Saar-Briefmarken aus der Zeit nach dem Krieg, berichtete Franz, wären nicht von Pappe, und sein Vater besäße sie komplett.

Träufeln erfordert Kraft und Geschick, Franz besaß beides. Hundert-vierzig Prozent waren für ihn kein Problem, wenn er wollte. Manchmal fuhr er mit anderen Assen lärmend eine Rekordschicht, manchmal ließ er die Zügel schleifen und erfüllte haarscharf seine Norm. An diesen Tagen sprach er stundenlang kein Wort.

Sicherlich rechnete er dann aus, wie viele Jahre, Monate, Wochen und Tage vergehen mußten, ehe er, falls keine Amnestie die Frist verkürzte, seine Familie wiedersah. Nein, ein eisenharter Häftling, der sich in jeder Stunde in der Gewalt hatte, war Löffel-Franz nicht.

Da wurde nach der Anstaltsleitung unerforschlichem Ratschluß das Haus durcheinandergewirbelt, mit Sack und Pack zogen Häftlinge kreuz und quer von einer Etage zur anderen, neue Zellengemeinschaften entstanden und veränderte Arbeitsgruppen. Löffel-Franz geriet aus meinem Blick. Hin und wieder sah ich ihn im Kino oder auf dem Korridor, wir nickten uns zu und sprachen ein paar Worte. Bis zum fünfzehnten Jahrestag der DDR war es noch ein gutes halbes Jahr — Amnestie? Unbedingt, versicherte ich, auch mir selbst Mut zu machend, Franz, die paar Monate schaffen wir noch, Franz, wir haben doch warten gelernt!

Da rannte eine Sensation durchs Haus, wieder war der Name Löffel-Franz in aller Munde: Sein Junge war tödlich verunglückt. Unter ein Auto geraten vor der Tür seines Hauses. Ich ergänzte betroffen in betroffene Gesichter hinein, daß ich das leider für möglich hielt, das Haus stand an einer belebten Straße, der Junge war temperamentvoll, unge-zügelt. Den Franz erwischt's hart, sagten die Kumpel, die Magenopera-tion, die Sache mit dem Löffel, jetzt das. Als Franz den Stiel geschluckt hatte, war die Knastmeinung einhellig gewesen: Dieser Idiot! Niemand hatte auch nur den Mut bewundert.

Jetzt vereinigte Franz alles Mitgefühl auf sich. Der Junge umgekommen, und dann hier drin, obendrein durch eine Grenze getrennt, ohne Möglich-keit zu helfen, ohnmächtig. Ein Brief würde seine Frau Tage nach dem Begräbnis erreichen. Was tat denn schon, was konnte denn die Anstalts-leitung schon tun, als einen Sonderbrief genehmigen? Abends lag ich auf meinem Strohsack und dachte an Franz, und wie es in der Natur des Menschen liegt, verglich ich sein Schicksal mit meinem. Drei kleine Kinder daheim, meine Frau war gesundheitlich nicht auf der Höhe, mich marterte das zehnte, zwölfte Magengeschwür, aber in — ich wußte es natürlich auf Anhieb auf den Tag genau — in noch nicht einem Jahr war ich draußen. Ich sah jedes meiner drei Kinder wieder.

Da, zwei Tage später, die Gegennachricht: Stimmt alles nicht, ein Mißverständnis, der Junge lebt, ist gesund! Franz geht wie im Traum herum, jetzt ist er erst recht fertig, eine Verwechslung, stellt euch das vor! Die Häftlinge schüttelten den Kopf — war denn in diesem Haus irgend etwas unmöglich? Noch so ein Hammer, sagten die Kumpel, und Franz schneidet sich die Pulsadern durch, der Mann ist fix und fertig.

Als ich ihn wiedersah, war ein Vierteljahr vergangen, mit einem Deckenbündel stand er in der Tür der Viermannzelle, die Stahlberg-Fritz, irgendein vergessener Miesling aus Frankfurt am Main, und ich bewohnten. Stahlberg kannte ich seit Jahren, von ihm war keine Überraschung zu befürchten, mit Franz würde ein Auskommen sein, das Arschloch aus Frankfurt hatte nun drei Mann gegen sich. Stahlberg und ich halfen Franz, sich einzurichten. Alter Junge, sagten wir, noch ein halbes Jahr bis zur Amnestie, die reißen wir auf einer Backe runter. Stahlberg, Spion aus West-Berlin, hatte neun von zehn Jahren hinter sich, was juckte den schon noch, auch ich stand im letzten Jahr, wir waren drei bewährte Strafgefangene gegen den Koofmich aus Ffm, der jeden Tag jammerte, seine Frau würde ihn um Haus und Firma betrügen, bettelarm käme er eines Tages heraus, er, der im Ost-West-Geschäft doch nur gewisse Spielräume genutzt hätte, von Betrug könnte niemals die Rede sein, auch seinen Mercedes hätten sie beschlagnahmt, aber er wollte, er würde . . . Halt die Schnauze, sagte Stahlberg, du mit deinen drei Jahren, und denk ja nicht, daß du unter die Amnestie fällst, du Pfeife, Kriminelle sitzen bis zum letzten Tag!

Am ersten Abend erzählte Franz, wie das gewesen war vor einem Vierteljahr. Er war zur Anstaltsleitung bestellt worden, der Anstaltsleiter hatte ihm mitgeteilt, aus Berlin wäre die telefonische Durchsage gekommen, sein Junge wäre tödlich verunglückt. Ein Telegramm dürfte er schicken — zwecklos, ein Gesuch zu stellen, an der Beerdigung teilnehmen zu dürfen. Der Sani hätte schon mit Beruhigungstabletten bereitgestanden; ein Kalfaktor wäre zu ihm in die Zelle gelegt worden, der die ganze Nacht kein Auge schloß, damit Franz sich nicht aufhängte. Am nächsten Tag die Nachricht: Eine Verwechslung, der Junge lebt.

Unglaublich, sagten wir. Wie kann denn bloß so was passieren! Da müssen doch irgendwo Idioten sitzen! Hüben oder drüben. Oder hüben und drüben. So was geht doch ärger an die Nieren als ein Jahr Knast. Als drei Jahre Knast. Die wollen dich fertigmachen, behauptete Stahlberg. Das nun auch nicht, sagte ich, so nicht. Der Miesling wollte sich einmischen, Fritz sagte: Halt die Schnauze, wer hat dich denn gefragt, dich

Arschloch! Red nicht rein, wenn sich Politische unterhalten! Ich habe keinen Brief schreiben können, sagte Franz, ich hab vor dem Papier gesessen und gedacht: Und wenn nun deine Frau auch tot ist, und wenn deine Tochter tot ist, und wenn du morgen selber tot bist. Stahlberg sagte: Wenn du durch so eine Sache durch bist, Franz, kann dir überhaupt nichts mehr passieren. Was denn schon noch?

Wir machten eine läppische Arbeit, bogen Drähtchen und bestückten sie mit bunten Schlauchstückchen. Und redeten. Amnestie, Einkauf, Post von zu Hause, Amnestie, was gibt's heute zu essen, Amnestie. Einmal, als der Miesling sonstwo war, vielleicht beim Arzt oder er schiß uns gerade bei der Anstaltsleitung an, rückte Löffel-Franz mit einem Teil seiner Story raus. Als östlicher Späher hatte Franz gearbeitet — hatte ich mir's doch gedacht! An seiner Grenze geschah allerlei an Militärischem, wofür weiteres Interesse bestand, bundesdeutsche und amerikanische Stützpunkte gab es in der Pfalz zuhauf, die Franzosen in Metz — keine Einzelheiten, sagte Franz, ihr versteht schon, ich stecke tief genug in der Kacke drin. Irgendwie war er in eine Verbindung hineingeraten; alle drei, vier Wochen flog er an einem dienstfreien Tag von Saarbrücken nach Tempelhof, rasch war er im Osten, lieferte seine Erkenntnisse ab, kassierte Lohn und Spesen, und husch, war er zurück und zog seine Zöllneruniform an und stand am Schlagbaum, als könnte er kein Wässerchen trüben. So ging das ein Jahr, politische Überzeugung war nicht dabei, wohl aber Nervenkitzel, ein bißchen Geld, und dann flog die Geschichte natürlich auf. Was so offenkundig geschieht, so wenig verschlüsselt, kann gar nicht länger gutgehen, kommentierte Stahlberg, der so was wissen mußte. Eines Tages standen zwei Herren vor der Tür und zeigten Ausweise und baten Franz mitzukommen, und in ihrem Dienstzimmer in Saarbrücken staunte Franz, was sie alles wußten über ihn. Das Gespräch begann abends um sieben, früh um vier war Franz ein Doppelagent.

Weiterhin stand Franz an der Grenze, in gewohnten Abständen flog er nach Berlin, und was er bei sich trug, war sorgsam abgesprochen mit den Herren aus Saarbrücken. Richtiges war dabei und ein bißchen Falsches, Belangloses und Wichtiges, das am nächsten Tag veraltet war. Geld bekam Franz von beiden Seiten, der Nervenkitzel war doppelt. Keine Überzeugung? fragte ich. Und wen hast du ärger aufs Kreuz gelegt? Kein Stück, sagte Franz, ich habe gemacht, was beide Seiten wollten. Da vermutete ich scheinheilig: Franz, vielleicht wolltest du einen Schatz aufhäufen, um eines Tages ein Kaiserhaus installieren zu können, die Erstausstattung für 'ne Majestät kostet doch 'ne Stange! Ach Mist, sagte Franz.

Und wieder ging es ein Weilchen gut, und wieder kam, was kommen mußte, eines Tages baten in Ost-Berlin zwei Herren Franz in ein anderes Dienstzimmer; dort staunte er, was sie alles über ihn wußten. Sie befragten ihn so lange und so gründlich, bis sie annahmen, nun alles zu wissen über das Doppelspiel und schließlich, Franz wurde zu acht Jahren Zuchthaus verurteilt. Stahlberg, der sich in dieser Branche auskannte, sagte: Franz, so blöd wie du kann gar keiner sein!

Wir steckten Schläuchchen auf Drähtchen, ich fragte Franz nach den Weinen der Saar aus und hörte von Wiltlinger Rosenberg und Serriger Vogelsang; Döppelkooken wären Puffer aus Kartoffeln, Zwiebeln, Milch und etwas Rauchfleisch, leicht gepfeffert und goldig gebraten. Italiener in den Stahlhütten der Saar, der Vergaser des Opel-Kapitän, die Anhänger des FC Kaiserslautern. Amnestie. Einkauf. Wir hörten dem Miesmacher zu, als er haarklein dartat, wie man steuerbegünstigt und mit öffentlichen Zuschüssen ein Mietshaus erschacherte. Als er zu jammern begann, seine Frau würde ihm nun auch seine Häuser abjagen, fielen wir höhnisch über ihn her.

Eines Nachmittags war ich allein in der Zelle. Da wurde die Tür aufgeschlossen und Franz taumelte herein, stürzte herein und warf sich aufs Bett, er weinte, schrie, es brüllte aus ihm heraus, das war kein Weinen mehr, es war ein Schreien aus den Gründen der Seele, so müssen Männer auf der Folterbank geschrien haben, wenn sich ihr Leib aufzulösen begann und die Seele bloßlag. Ich sah seinen zuckenden Rücken und hörte das Schreien, krümmte mich mit wild aufschmerzendem Magen und drückte den Kopf auf die Knie, über mir das Brüllen, das mich schlug, die Folter war geteilt. Nach einer Zeitspanne, die kein Maß hatte, wurde die Tür für Stahlberg aufgeschlossen, er fragte sofort, was los wäre, ich sagte, ich wüßte es nicht, er schrie Franz an, ich schrie Stahlberg an, aber Stahlberg riß Franz hoch, der vielleicht sonst stundenlang weitergebrüllt hätte, hielt ihn an den Schultern und schüttelte ihn, da brach das Brüllen ab, Franz hing in Stahlbergs Fäusten und sagte mit verwunderlich klarer Stimme: „Mein Junge ist tot. Er ist überfahren worden."

Wir setzten Franz an den Tisch und uns zu ihm. Wir würden jetzt ganz für ihn da sein, sagte ich nach einer Weile, jetzt müßte Franz versuchen, sich vorzustellen, die nächste Woche ginge vorüber, der nächste Monat, es gab den Segen der Zeit. Ich redete nicht zu leise und wußte, daß der Tonfall wichtiger war als das Wort. Ein Wachtmeister schloß behutsam auf und fragte, ob der Strafgefangene fünfnullzwo, das war Franz, ein Telegramm aufgeben wollte, ich sagte: ja, das wolle er tun. Ich schrieb auf Briefpapier: „In dieser schweren Stunde drücke ich Dir fest die Hand. Dein Franz." Den Text las ich Franz vor, er nickte noch nicht einmal.

In einem halben Jahr bist du raus, Franz, sagte Stahlberg, am ersten Abend gehst du mit deiner Frau ins Bett, da macht ihr einen neuen Jungen. Hör auf mit so was, sagte ich. Aber Stahlberg blieb dabei: Gleich am ersten Abend ins Bett und einen neuen Jungen machen, was denn sonst. Franz, du bist doch jung genug, Franz, einer wie du.

Wir schmierten Stullen für Franz, er aß. Vor dem Einschluß kam der Sani mit Tabletten. Wir sagten Franz, er solle sich sofort hinlegen, das tat er, nach Minuten war er eingeschlafen. Am Morgen zog Stahlberg ihn hoch. Nun wasch dich mal richtig, sagte er, heh, Franz!

Wir steckten Schläuchchen auf Drähtchen. Der Miesling, der in diesen Tagen gar nicht so mies war, Stahlberg und ich redeten über Amnestie, Hausklatsch, Sport, Einkauf. Ein Kalfaktor brachte Zigaretten aus einer Nebenzelle: Für Franz. Franz wollte nicht rauchen. Rauchst sie später, sagte Stahlberg. Wir spielten Franz intaktes Knastleben vor. Nach Tagen redete er brockenweise wieder mit: Amnestie, dieser Fraß heute mittag. Eine Woche danach wurden wir getrennt. Ich sah ihn noch auf dem Korridor und im Kino, gesprochen haben wir nicht mehr zusammen. Ein Vierteljahr später brachte ein Straferlaß zum 15. Jahrestag der DDR ihm und mir die Freiheit. Unter den vielen Geschichten, die ich daheim erzählte, war die von Löffel-Franz.

Über ein Jahr verging, da schrieb er mir: Ein halbes Jahr hatte er inzwischen in der Bundesrepublik hinter Gittern verbracht, auch der Bundesnachrichtendienst hatte seinen Part zu klären. Er sei endlich daheim, schrieb er, es ginge ihm gut, was solle er mir schicken? Ich schrieb, daß ich mich freute für ihn, und auch mir ginge es inzwischen gut. Vielleicht ist dieser Brief verlorengegangen, vielleicht die Antwort darauf. Die Verbindung riß ab. Jetzt habe ich seinen Familiennamen und seine Adresse vergessen, aber natürlich nicht diese Geschichte.

1975

Roger Loewig 63

Ich werde diesem lande nicht entrinnen
nicht diesem grauen deutschen land
nicht seiner flüsse nebelband

und nicht dem langen schußfeldsaum
ich kann auch liebe nicht mehr neu beginnen
und nicht noch einmal einen traum

bin fremdes weben überall wohin ich treibe
das immer heimwärts drängt und kennt nur dich
wenn ich gesänge in die wolkenschiffe schreibe

dann schreibe ich noch jedes wort für dich
und wo ich fahle tage heimwehnächte bleibe
dort tag und nächte denke ich an dich

Rom, Januar 1973

Bettina Wegner
Für meine weggegangenen Freunde   **64**

Wenn ich nach einer angstdurchträumten Nacht erwache
da kommt es manchmal, daß ich weinend lache
weil ich vermisse, was ich einmal hatte
die Schutzhaut, meine harte, meine glatte
die ist zerrissen und blieb irgendwo.

Es sind so viele von uns weggegangen
ach, hätte niemals niemand damit angefangen.
Trauer und Wut, das hat euch weggetrieben.
Mensch, wär das schön, ihr wäret alle hiergeblieben
bei euch, bei uns und auch bei mir.

Stille Statistik wird sich jetzt mit euch befassen
und doch habt ihr ein bißchen mehr verlassen
als euren Zorn und eure Bitterkeit
das Viel an Unrecht und Verlogenheit.
Da war noch andres, das lohnte, hier zu bleiben.

Ich meine alle, die euch wirklich brauchen
und jetzt in ihrer Trauer untertauchen
die euch noch folgen werden auf die gleiche Reise
und die hier bleiben, sterben still und leise
an euch, an uns und an sich selber auch.

Ich werde dieses Lied vielleicht nur summen
und eines Tages vielleicht ganz verstummen.
Schweigend und klein verbucht man die Verluste.
Ich weiß nur sicher, daß ich bleiben mußte
daß unsre Ohnmacht nicht noch größer wird.

Hinweise zu den Texten und den Verfassern

Die mit * gekennzeichneten Titel stammen von der Herausgeberin. Die jeweils zu den Autoren genannten Werke stellen eine Auswahl dar. Dabei wurden folgende Abkürzungen gebraucht: Dr. = Drama (A = Jahr der Erstaufführung), E.(n) = Erzählung(en), G. = Gedichte, R. = Roman. Die genannten Werke sind meist dem Jahr zugeordnet, in dem sie dem DDR-Publikum zuerst zugänglich wurden. Wenn ein Werk nur bzw. zuerst in der Bundesrepublik erschienen ist, ist das vermerkt. Die Ziffern stimmen überein mit den Ziffern, die die Materialien und Texte im Inhaltsverzeichnis und im Buch haben.

Kapitel I: Kulturpolitik in der DDR

1. **Der Kampf gegen den Formalismus in Kunst und Literatur, für eine fortschrittliche deutsche Kultur** .
   (Aus der Entschließung des ZK der SED vom 15.—17. März 1951)

   Quelle: Dokumente zur Kunst-, Literatur- und Kulturpolitik der SED. Hrsg. von Elimar Schubbe. Stuttgart 1972

   Auf der Tagung des ZK der SED vom März 1951 wurde *erstmalig* eine verbindliche Orientierung für das künstlerische Schaffen in der DDR gegeben. Hier beginnt der von der Partei gelenkte Versuch, eine „sozialistische Nationalkultur zu schaffen, die am wirtschaftlichen Aufbau und an der Erziehung des „sozialistischen Menschen" mitzuwirken hat.

2. **Die sozialistische Nationalkultur als die Erfüllung der humanistischen Kultur des deutschen Volkes**
   (Aus dem Programm der SED 1963)

   Quelle: Textauswahl zum Literaturunterricht in den Klassen 11 und 12. Volk und Wissen Volkseigener Verlag, Berlin (Ost) 1970, S. 19—20.

   Anders als in der Bundesrepublik, wo es eine große Zahl von sehr unterschiedlichen Lesebüchern für die verschiedenen Schulformen gibt, gibt es in der DDR für die 12 Klassen der polytechnischen Oberschule, der einzigen allgemeinbildenden Schulform, jeweils nur ein Lesebuch. Darin sind programmatische Texte der Partei — wie dieser hier — und der Regierung aufgenommen.

3. **Zur Entwicklung der sozialistischen Nationalkultur in der DDR**
   (Aus der Entschließung des VIII. Parteitages der SED Juni 1971)

   Quelle: Dokumente zur Kunst-, Literatur- und Kulturpolitik der SED, 1971 bis 1974. Hrsg. von Gisela Rüß, Stuttgart 1976

4. **Entwicklung der sozialistischen Nationalkultur**
   (Aus dem neuen Programm der SED vom Mai 1976)

   Quelle: Deutschland-Archiv, Zeitschrift für Fragen der DDR und der Deutschlandpolitik. Heft 7, 1976

   Aus den Dokumenten 2, 3, 4, stammend aus den Jahren 1963, 1971 und 1976, geht die von der SED propagierte Zielsetzung hervor, eine,, sozialistische Nationalkultur" aufzubauen und zu entwickeln.
   Die Dokumente machen die Kontinuität dieser Zielsetzung deutlich. Wie demgegenüber die kulturelle und besonders die literarische Wirklichkeit aussieht im

„real existierenden Sozialismus der DDR", läßt sich an vielen Texten des Buches überprüfen, aber auch an den Schwierigkeiten, denen kritische Autoren drüben ausgesetzt waren und sind, und die den Exodus oft der besten Schriftsteller bewirkt haben.

5. Anna Seghers: Die Aufgaben des Schriftstellers heute

Quelle: wie Text 1, S. 41—42.

Dies ist ein kleiner Ausschnitt aus einer Rede, die Anna Seghers 1966 im Schriftstellerverband der DDR, dessen Präsidentin sie bis 1978 war, gehalten hat.

Anna Seghers, geb. 1900 in Mainz als Tochter eines vermögenden Kunsthändlers; studierte Geschichte, Kunstgeschichte und Sinologie, Promotion; heiratete 1925 den aus Ungarn emigrierten kommunistischen Publizisten Laslo Radvanyi; 1928 Eintritt in die kommunistische Partei. 1933 aus politischen Gründen verhaftet, im selben Jahr Emigration nach Paris, dann 1940 ins unbesetzte Frankreich und 1941 über Marseille nach Mexiko; 1947 Rückkehr nach Deutschland Berlin (Ost) ; gest. 1983

Anna Seghers gilt als bedeutende sozialistische Erzählerin, die ein umfangreiches episches Werk geschaffen hat: viele Romane, sehr viele Erzählungen und eine Reihe Essays zu literarischen und gesellschaftlichen Fragen. Die Auswahl beschränkt sich auf Werke, die in der Bundesrepublik erschienen sind:

Das siebte Kreuz. R. 1962 — Transit. R. 1963 — Der Aufstand der Fischer von St. Barbara. E. 1964 — Erzählungen. 2 Bände. 1964 — Die Rettung. R. 1965 — Wiedereinführung der Sklaverei in Gouadeloupe. E. 1966 — Die Kraft der Schwachen. Neun Erzählungen. 1966 — Die Toten bleiben jung. R. 1967 — Der Aufstand der Fischer von St. Barbara. Die Gefährten. Das wirkliche Blau. En. 1968 — Ausgewählte Erzählungen. rororo 1119. 1968 — Aufstellen eines Maschinengewehrs im Wohnzimmer der Frau Kambtschik. En. 1970 — Überfahrt. E. 1971, — Sonderbare Begegnungen. En. 1973

6. Die Schriftsteller und die öffentlichen Organe, insbesondere Partei und Ministerium für Kultur

Ausführungen Walter Ulbrichts bei der „Ideenberatung mit Schriftstellern und bildenden Künstlern" am 14. Januar 1971.

Quelle: NDL Heft 4, 1971, S. 13—15.

7. Wenn ein Autor außerhalb der DDR veröffentlichen möchte*

Brief Reiner Kunzes an einen westdeutschen Verleger.

Quelle: Wochenzeitung „Die Zeit". Hamburg, 25. Juni 1971.

Angaben zu R. Kunze unter 23.

Kapitel II: Marxistische Literaturauffassung in der DDR

8. Karl Marx zur Basis-Überbau-Theorie*

Quelle: K. Marx, Zur Kritik der Politischen Ökonomie. Vorwort. In: Marxismus und Literatur. Eine Dokumentation in 3 Bänden. Hrsg. von Fritz J. Raddatz. Reinbek 1969. Bd. 1, S. 151—152.

Literatur als ein von der gesellschaftlichen Basis abhängiger Bereich des ideologischen Überbaus: damit wird erstmalig der Zusammenhang zwischen Literatur und Gesellschaft formuliert. Für die Literaturauffassung in der DDR hat diese soziologische Begründung von Literatur weitreichende Bedeutung, was sich in der Theorie des sozialistischen Realismus und in der Bitterfelder Bewegung zeigt; vgl. dazu Texte 10—14a und b

9. **Friedrich Engels zur Frage der „Tendenz in der Literatur" und zum Begriff „Realismus"***

Quelle: F. Engels, Brief an M. Kautsky, 26. Nov. 1885, und Brief an Miss Harkness, April 1888. In: Marxismus und Literatur. Eine Dokumentation in 3 Bänden. Hrsg. von Fritz J. Raddatz. Reinbek 1969. Bd. 1, S. 155—156 und 157—158.

Wie Tendenz in Abweichung von Engels' Auffassung in DDR-Literatur realisiert wird, läßt sich an Texten dieses Bandes feststellen, etwa bei Stranka (18), Sakowski (41) u. a. — Daß Engels' Forderung nach „getreuer Wiedergabe typischer Charaktere unter typischen Umständen" von DDR-Autoren z. T. sehr streng befolgt wurde, zeigt sich darin, daß bestimmte Gestalten feststehende und sich wiederholende Merkmale haben, z. B. der Parteisekretär, der LPG-Vorsitzende und die LPG-Bäuerin (41), der Aktivist (30).

Helmut Baierl, ein bekannter Stückeschreiber, hat 1966 über diese Tendenz zum „Einfärben" bestimmter Figuren gesagt:

„Früher durften in Stücken — sagen wir — Parteisekretäre nicht fremd gehen. Einige Zeitlang danach durften sie es, das lockerte sie auf, machte sie angeblich ,menschlicher'. Jetzt sind sicher wieder Überlegungen im Gange, den Parteisekretär zumindest gut verheiratet sein zu lassen.

Alle diese Haltungen sind klein und führen nur zu Verschrobenem, sei es in der rosa oder in der schwarzen Richtung. Sie färben nur anders, aber schaffen nicht das Färben selbst weg". (Mitgeteilt von F. J. Raddatz, Traditionen und Tendenzen, Frankfurt/M. 1972, S. 430)

10. **Erst verbindliche Definition des sozialistischen Realismus (Moskau 1934)***

Quelle: Über Kunst und Wissenschaft, Berlin-Ost 1951

11. **Stichwort „Bitterfelder Weg" im Kulturpolitischen Wörterbuch**

Quelle: Kulturpolitisches Wörterbuch, Ostberlin 1970, S. 79—80

Texte „schreibender Arbeiter" (34) und Texte von Schriftstellern, die die Arbeitswelt zum Gegenstand haben (30, 31, 32, 33, 36, 37), verdeutlichen die Auswirkungen dieser Bewegung. Im Gegensatz zur Bundesrepublik, wo die Arbeitswelt Anfang der 70er Jahre in der Literatur stärker behandelt wurde, ist dies in der DDR in breitem Umfang seit den 50er Jahren so. Allerdings fehlt hier die kritische Funktion, die die westdeutsche Literatur der Arbeitswelt hat. Die Selbstbestätigung der Arbeiter in der DDR wird durch ihre schreibende Tätigkeit sicher gefördert — und damit auch ihre Bindung an den Arbeitsplatz und vermutlich auch ihre Arbeitsmoral; ob Literatur entsteht, ist zu prüfen.

12. **Bertolt Brecht: Über sozialistischen Realismus**

Quelle: B. Brecht, Über sozialistischen Realismus. In: B. Brecht, Über Realismus, edition suhrkamp 485, Frankfurt/M. 1971. S. 165—166.

Vgl. Brechts poetische Auffassung vom sozialistischen Realismus mit der ideologischen der Kulturfunktionäre in der Sowjetunion und in der DDR (Texte 10 und 11).

13. Georg Lukács: Über sozialistischen Realismus*

Quellen: Erklärung des Schriftstellerverbandes der DDR vom 28. Oktober 1970 zur Verleihung des Nobelpreises an Alexander Solschenizyn. In: Der Fall Solschenizyn. Briefe, Dokumente, Protokolle. Hrsg. von Bernd Nielsen-Stokkeby. Fischer-Bücherei 1232, Frankfurt 1970, S. 165.

Georg Lukács, Solschenizyn. Neuwied 1970. S. 8 f und 31 f.

14. Zwei Beiträge zur Bewertung des sozialistischen Realismus, insbesondere seines wichtigsten Merkmals: der Parteilichkeit*
a) Sabine Brandt
b) Peter V. Zima

Quellen: zu a): Deutschland. Kulturelle Entwicklungen seit 1945. Hrsg. von Paul Schallück, München 1969. Hier Sabine Brandt: Der sozialistische Realismus. S. 62 ff

zu b): Einführung in Theorie, Geschichte und Funktion der DDR-Literatur. Hrsg. von Hans-Jürgen Schmitt. Stuttgart 1975. Hier: Peter V. Zima. Der Mythos der Monosemie. Parteilichkeit und künstlerischer Standpunkt. S. 86 ff
Kontroverse Bewertungen des sozialistischen Realismus liegen hier vor; die erste aus der Sicht einer Literaturwissenschaftlerin in der Bundesrepublik, die zweite aus östlicher Sicht, überwiegend ausgesprochen von Wissenschaftlern der DDR. Auch hier ist zu prüfen, ob Texte mit ausgeprägten Merkmalen des sozialistischen Realismus, wie das Buch sie zahlreich bringt, einer „politischen Kategorie" oder einer „ästhetischen Kategorie" zuzuordnen sind.

15. Helmut Sakowski: Wir sind bei der Partei in die Lehre gegangen

Quelle: ND, Berlin (Ost) 18. Juni 1971. S. 4.

Sakowski hielt diese Rede, aus der ein Ausschnitt wiedergegeben ist, auf dem VIII. Parteitag der SED (Juni 1971) in Berlin. Angaben zu Sakowski unter 41.

16. Erich Honecker: Zu Fragen von Kunst und Literatur

Quelle: Dokumente zur Kunst-, Literatur- und Kulturpolitik der SED 1971 bis 1974. Hrsg. von Gisela Rüß. Stuttgart 1976, S. 287. Diese Rede Erich Honeckers wurde als Signal einer neuen Kulturpolitik aufgefaßt, und in der Tat kam es zu einer beachtlichen Liberalisierung (Vgl. dazu Einführung S. 18 f).

Honecker, Erich. Geboren 25. 8. 1912 in Neunkirchen (Saar) als Sohn eines Bergarbeiters. 1927—1929 Dachdeckerlehre, 1926 Mitglied des Kommunistischen Jugendverbandes, 1929 der KPD. 1931 Sekretär des KJV im Saargebiet. 1934 Mitglied des illegalen ZK des KJV. 1935 Verhaftung. 1937 Verurteilung zu 10 Jahren Zuchthaus. April 1945 Befreiung aus dem Zuchthaus Brandenburg. 1945 Jugendsekretär beim ZK der KPD. 1946—1955 Vorsitzender der FDJ. Mitglied des Parteivorstandes, später des ZK der SED. Seit 1949 Abgeordneter der Volkskammer. 1956—1957 zur Schulung in der Sowjetunion. 1950 Kandidat, seit 1958 Mitglied des Politbüros und Sekretär des ZK der SED. Seit Juni 1971 Vorsitzender des Nationalen Verteidigungsrates. Seit November 1971 Mitglied des Staatsrates. Seit 3. 5. 1971 1. Sekretär des ZK der SED, Nachfolger von Walter Ulbricht, seit 1976 „Generalsekretär" der SED.

17. Kurt Hager: Grundfragen der Ideologie und Kultur

Quelle: wie unter 16, S. 656—657

Hager, Kurt. Geboren 24. 7. 1912 in Bietigheim (Württ.) als Sohn eines Arbeiters. Oberrealschule. Journalist. 1930 Mitglied der KPD. 1933—1936 illegale Tätigkeit, inhaftiert, dann Emigration. 1937—1939 Teilnehmer am Spanischen Bürgerkrieg. Anschließend Emigration in Frankreich, dann England. 1946 Mitglied der SED, Leiter der Abteilung Parteischulung, ab 1949 Leiter der Abteilung Propaganda, ab 1952 der Abteilung Wissenschaft des ZK der SED. Seit 1949 ord. Professor für Philosophie an der Humboldt-Universität Berlin. Seit 1954 Mitglied, seit 1955 Sekretär des ZK der SED. 1959—1963 Kandidat, seit 1963 Mitglied des Politbüros der SED.

B. Texte

Kapitel III: Sozialistisches Bewußtsein

18. Walter Stranka: Hymne an die Republik

Quelle: Lyrik der DDR, zusammengestellt von Uwe Berger und Günther Deicke. Berlin und Weimar 1970. S. 205—206.

An diesem Gedicht wird deutlich, wie unkritische Zustimmung sich sprachlich äußert. Immerhin steht es in einer repräsentativen Anthologie des Aufbau-Verlags; der Autor gehört zu den Trägern des Heine-Preises, den das Ministerium für Kultur jährlich vergibt.

Walter Stranka, geb. 1920, Lyriker und Fernsehspielautor; lebt in Weimar.

19. Hanns Cibulka: Karl Marx

Quelle: wie Text 2, S. 161—162.

Hanns Cibulka, geb. 1920, schrieb überwiegend Lyrik, darunter das Deutschland-Gedicht „Zwei Silben", das für einen seiner Gedichtbände den Titel lieferte (siehe Text 58).

Gedichtbände: Zwei Silben, 1959 — Arioso, 1962 — Lichtschwalben, 1974.

20. Heinz Kahlau: Alle Sätze — Für Heiterkeit

Quellen: G. Kahlau, Alle Sätze. In: Saison für Lyrik. Berlin und Weimar 1968. G. Kahlau, Für Heiterkeit. In: Poesiealbum 21, Berlin (Ost) 1969.

Heinz Kahlau, geb. 1931; bis 1948 ungelernter Arbeiter, dann Traktorist, FDJ-Funktionär; ab 1953 Schüler Brechts, zu dessen Meisterschülern er zählt. Das Schriftstellerlexikon deutschsprachiger Autoren, Leipzig 1968, nennt ihn einen der „profiliertesten Lyriker der DDR" und lobt seine „präzise und verhaltene Diktion". Lebt als freischaffender Schriftsteller in Ostberlin.

Gedichtbände:

Der Fluß der Dinge, 1964 — Balladen 1971 — Du. Liebesgedichte, 1971.

21. Hasso Grabner: Eine Deutung des 17. Juni 1953*

Quelle: H. Grabner, Monolog einer Brücke. In: Wo das Glück sicher wohnt. Eine Festgabe Leipziger Schriftsteller und Künstler zum 20. Geburtstag der Deutschen Demokratischen Republik. Leipzig 1969. S. 54—55.

154

Hasso Grabner, geb. 1911, Buchhändler, seit 1926 in der Arbeiterbewegung, seit 1930 in der KPD; nach 1933 neun Jahre Zuchthaus bzw. KZ Buchenwald; nach 1945 u. a. Rundfunkintendant; freischaffender Schriftsteller in Leipzig. Grabner schrieb Gedichte und zahlreiche Erzählungen; bekannt ist sein Roman „Die Zelle" (KZ-Roman).

22. Kurt Bartsch: Totensonntag

Quelle: Kurt Bartsch, Kaderakte. Gedichte und Prosa. Reinbek bei Hamburg, dnb 128, 1979

Angaben zu Kurt Bartsch unter 26

23. Reiner Kunze: Aber Helden

Quelle: Reiner Kunze, Die wunderbaren Jahre. Prosa. Frankfurt/Main 1976

Reiner Kunze, geb. 1933 in Oelsnitz (Erzgebirge), Bergarbeitersohn; Studium und Assistententätigkeit in Leipzig; nach politischen Auseinandersetzungen Ende der wissenschaftlichen Laufbahn, Hilfsarbeiter. Aufenthalte in der CSSR. Viele Jahre Schwierigkeiten, in der DDR zu publizieren. Bedeutend als Lyriker, dessen Gedichte sich durch eine originale Bilder- und Metaphernsprache auszeichnen. Als Reiner Kunze 1976 im Westen den Prosaband „Die wunderbaren Jahre" veröffentlichte, in dem er Situationen, Gefühle, Probleme junger Menschen drüben mit hoher sprachlicher Präzision beschreibt, waren die Reaktionen der offiziellen Stellen so belastend für ihn und seine Familie, daß er 1977 die DDR verlassen hat und nun in der Bundesrepublik lebt.

Weitere Werke: Widmungen, G., Bad Godesberg 1963 — Sensible Wege, G., Reinbek bei Hamburg 1969 — Der Löwe Leopold. Fast Märchen, fast Geschichten, Frankfurt 1970 — Zimmerlautstärke, G., Frankfurt/Main 1972 — auf eigene hoffnung, G., Frankfurt/Main 1981 — Über Reiner Kunze informiert der Band: Reiner Kunze, Materialien und Dokumente, hrsg. von Jürgen P. Wallmann, Frankfurt/Main 1977.

24. Christa Wolf: Sozialismus, realisierbares Angebot oder Utopie?*

Quelle: Christa Wolf, Nachdenken über Christa T. Neuwied und Berlin 1969. S. 66—67.

Christa Wolf, geb. 1929 in Landsberg (Warthe), 1945 Umsiedlung nach Mecklenburg; Abitur, Studium der Germanistik, 1953—59 wissenschaftliche Mitarbeiterin beim DSV; dann Lektorin und Redakteurin der NDL; 1959—62 Kontakt zu einer Waggonfabrik; lebt heute als freischaffende Schriftstellerin in Kleinmachnow bei Berlin.

Weitere Werke: Moskauer Novelle, E. 1961 — Der geteilte Himmel, R. 1963 — Biographie der Anna Seghers, 1965. — Lesen und Schreiben. Aufsätze und Betrachtungen. 1972 — Till Eulenspiegel, E. 1972 (zusammen mit Gerhard Wolf) — Unter den Linden. Drei unwahrscheinliche Geschichten, 1974 — Kindheitsmuster, 1976 — Kein Ort. Nirgends, 1979.

25. Volker Braun: Fragen eines Arbeiters während der Revolution

Quelle: V. Braun, Wir und nicht sie. edition suhrkamp 397, Frankfurt/M. 1970.

Volker Braun, geb. 1939 in Dresden; Abitur, Bauarbeiter und andere Tätigkeiten, 1960—65 Studium der Philosophie und Germanistik in Leipzig; danach Assistent am Brecht-Theater in Berlin (Ost), lebt dort als freischaffender Schriftsteller.

Weitere Werke: Provokation für mich. G. 1965 — Vorläufiges. G. Frankfurt/M. 1966 — Der Kipper Paul Bauch. Dr. 1966, westdeutsche Ausgabe in: Deutsches Theater der Gegenwart, Frankfurt 1967 — Freunde, Einakter. 1971 (s. Text 35). — Das ungezwungene Leben Kasts. En. Berlin (Ost) und Frankfurt/M. 1972 — Gegen die symmetrische Welt, G., 1974 — Es genügt nicht die einfache Wahrheit, 1975 — Unvollendete Geschichte, Frankfurt 1977 — Gedichte. suhrkamp taschenbuch 1979.

26. Kurt Bartsch: Sozialist. Biedermeier — der redner — mut — kämpfer

Quelle: K. Bartsch, Zugluft. Gedichte, Parodien, Sprüche. Berlin und Weimar 1968. Die Texte dieses Bandes sind 1971 auch in West-Berlin herausgekommen: Die Lachmaschine, Gedichte, Songs und ein Prosafragment.

Kurt Bartsch, geb. 1937; Arbeit in verschiedenen Berufen, u. a. als Lagerarbeiter, Telefonist, Leichenträger, Beifahrer und Lektoratsassistent, von 1964—65 Studium am Literaturinstitut „Johannes R. Becher" in Leipzig; lebte bis 1980 in Berlin (Ost), seitdem in der Bundesrepublik.

27. Wolf Biermann: Gesang für meine Genossen — Das Hölderlin-Lied

Quelle: Wolf Biermann, Für meine Genossen, Hetzlieder, Gedichte, Balladen. Westberlin 1972

Wolf Biermann, geb. 1936 in Hamburg; 1953 Übersiedlung in die DDR, studierte in Ostberlin Philosophie, Ökonomie und Mathematik; dann Regieassistent am Brecht-Theater; Kandidat der SED; wegen seiner kritischen Texte Auftrittsverbot, Ausschluß aus der Partei, Publikationsverbot. Im November 1976 wurde er, nachdem er auf Einladung der IG Metall in Köln gesungen hatte ausgebürgert, obwohl ihm vorher die Rückreise in die DDR zugesichert war. Lebt in Hamburg.
Weitere Werke: Die Drahtharfe, Balladen, Gedichte, Lieder. Berlin (West) 1965 — Mit Marx- und Engelszungen, Gedichte, Balladen, Lieder. Berlin (West) 1968 — Der Dra-Dra. Die große Drachentöterschau in acht Akten mit Musik. Berlin (West) 1970. — Deutschland. Ein Wintermärchen. Berlin (West) 1972 — Nachlaß 1, Köln 1977 — Preußischer Ikarus. Lieder, Balladen, Gedichte, Prosa. Köln 1978

28. Günter Kunert: Traum von der Erneuerung — Als unnötigen Luxus — Im weiteren Fortgang — Der Kompromiß

Quellen: Traum von der Erneuerung, in: Wegschilder und Mauerinschriften, G., Ostberlin 1950 — Als unnötigen Luxus, in: Verkündigung des Wetters, G., München 1966 — Im weiteren Fortgang, in: Im weiteren Fortgang, G., München 1974 — Der Kompromiß, in: Verspätete Monologe. München 1981

Günter Kunert, geb. 1929 in Berlin, aus rassischen Gründen im NS-Staat von der Oberschule verwiesen; nach 1945 Studium an der Kunsthochschule Berlin-Weißensee; lebte bis 1979 als freischaffender Schriftsteller in Berlin (Ost), seitdem in der Bundesrepublik. — Kunert ist einer der bedeutendsten deutschen Lyriker der Gegenwart. Die Kluft zwischen dem Anspruch der sozialistischen Ideologie und der gesellschaftlichen Realität hat er in seinen Gedichten häufig behandelt. Er ist dabei zunehmend pessimistischer geworden, was die hier mitgeteilten Gedichte deutlich machen.
Kunert ist auch bedeutend als Verfasser von Kurzprosa, Erzählungen und Essays; er schrieb auch Szenarien für Film, Funk und Oper.

Weitere Werke (alle erschienen bei Hanser, München): Lyrik: Erinnerung an einen Planeten, 1963 — Warnung vor Spiegeln, 1970 — Verlangen nach Bomarzo, Reisegedichte, 1978 — Unruhiger Schlaf, dtv sr 5462, 1979
Prosa: Im Namen der Hüte, R., 1967 — Die Beerdigung findet in aller Stille statt, En., 1968 — Tagträume in Berlin und andernorts, 1972 — Warum schreiben? Notizen zur Literatur, Essays, 1977.

29. Jurek Becker: Glaubensbekenntnis*

Quellen: Jurek Becker: Ausschnitt aus seinem Roman „Schlaflose Tage". Frankfurt/M. 1978

Jurek Becker, geb. 1937 in Lodz/Polen, Kindheit im jüdischen Getto und in den Konzentrationslagern Ravensbrück und Sachsenhausen, lebte nach 1945 in Ostberlin, seit 1977 in Westberlin.
Weitere Werke: Jakob der Lügner, R., Ostberlin und Weimar 1969, Neuwied 1970 — Irreführung der Behörden, R., 1973 in Ostberlin und Frankfurt/M. — Der Boxer, R., Rostock 1976, Frankfurt/M. 1976 — Nach der ersten Zukunft. En., Frankfurt 1980

Kapitel IV: Sozialistische Arbeitswelt

30. Heiner Müller: Der Aktivist Balke*

Quelle: H. Müller, Der Lohndrücker. In: Sozialistische Dramatik. Autoren der Deutschen Demokratischen Republik. Berlin (Ost) 1968. S. 190—195.

Zum Inhaltlichen: Vgl. das Solidaritätsgefühl der Arbeiter im „Lohndrücker" — das Stück spielt 1948/49 — mit dem der Brigade in Volker Brauns „Freunde". Brauns Stück spielt Mitte der 60er Jahre.
Zum Formalen: Die Szenen zeigen Heiner Müllers Eigenart, in äußerster sprachlicher Konzentration eine dialektische Entwicklung zu verdeutlichen, hier die zu einer höheren Qualität der Arbeitsmoral. Die Szenen sind Extrakte der Handlung, Extrakte der jeweiligen Lage. Der Verknappung der Handlung entspricht eine äußerst knappe und einfache Sprache. Vgl. diese Arbeitersprache mit der in Volker Brauns „Freunde". Der Sprachstil Heiner Müllers ist auch in Beziehung zu Brecht zu sehen, in dessen Nachfolge er steht.
Heiner Müller, geb. 1929 in Eppendorf/Sachsen; nach 1945 Angestellter, dann Journalist, seit 1954 in Berlin (Ost), Mitarbeiter des Maxim-Gorki-Theaters; lebt dort als freischaffender Autor, vor allem als Stückeschreiber.
Weitere Stücke: Die Korrektur, 1959 — Die Umsiedlerin, 1961, Neufassung „Die Bauern", 1976 — Der Bau (nach Motiven aus Erik Neutschs Roman „Spur der Steine") 1965 — Philoktet/Herakles 5. Frankfurt/M. 1966 — Ödipus, Tyrann, 1970 — Zement, 1973 (A) — Germania Tod in Berlin, 1977 — Hamletmaschine 1978 (Bundesrepublik).

31. Peter Hacks: Prolog zum Drama „Die Sorgen und die Macht"

Quelle: Peter Hacks, Fünf Stücke. Frankfurt/M. 1965.

Nach traditioneller Vorstellung ist dies gewiß kein Stoff für die Bühne. Anders für DDR-Autoren, die — zumindest in den 50er und 60er Jahren (Bitterfelder Bewegung) — davon ausgingen, daß es möglich sei, die neuen Realitäten der sozialistischen Arbeitswelt auf die Bühne zu holen. Hacks versucht dabei, mit der kargen und widerspruchsvollen Realität der Arbeitsprobleme auch Schönheit zu verbinden; er schreibt in Versen, und die Sprache der Arbeiter und Arbeiterinnen stilisiert er vorsichtig aus dem Derben heraus. Hacks will damit eine neue „Klassik" gewinnen, eine „sozialistische". Er hält dies für möglich, da nach seiner Auffassung harmonisierte Gesellschaftsordnungen wie die sozialistische in der DDR Voraussetzung für Klassizität seien. — Wegen der Mängel in Gesellschaft und Wirtschaft der DDR, die in diesem Stück bei grundsätzlicher Zustimmung zum Sozialismus dargestellt werden, zog Hacks heftige Kritik der SED auf sich; er verlor seine Position als Dramaturg des Deutschen Theaters in Ostberlin; sein Stück wurde verboten.

Peter Hacks, geb. 1928 in Breslau; nach 1945 in Westdeutschland, Studium der Soziologie, Philosophie, Literatur- und Theaterwissenschaft in München; 1955 Übersiedlung in die DDR; Mitarbeiter am Brecht-Theater, später Dramaturg am Deutschen Theater in Berlin (Ost); lebt dort als freischaffender Schriftsteller. Hacks bearbeitete historische Stoffe, um daran marxistische Anschauungen zu verdeutlichen: Eröffnung des indischen Zeitalters, 1954 — Das Volksbuch vom Herzog Ernst, 1956 — Die Schlacht bei Lobositz, 1956 — Der Müller von Sanssouci, 1958; er schrieb Neufassungen älterer Stücke, z. B. Die Kindermörderin (nach H. L. Wagener) 1959 und Der Frieden (nach Aristophanes) 1962; edition suhrkamp 47, Frankfurt/M. 1963 — Stücke nach Stücken. Bearbeitungen 2. Frankfurt 1965 — Margarete von Aix, 1967 (A) — Adam und Eva, 1972 (A) — Amphitryon, 1973 (A) — Ein Gespräch im Hause. Stein über den abwesenden Herrn von Goethe, 1974 (A) — Zwei Stücke haben eine DDR-bezogene Thematik: Die Sorgen und die Macht, 1962 — Moritz Tassow, Komödie, 1965.

32. Werner Bräunig: So viel Sand hat nicht mal die Sahara

Quelle: DDR-Reportagen. Eine Anthologie, hrsg. v. Helmut Hauptmann. Leipzig 1969.

Werner Bräunig, geb. 1934 in Chemnitz; Schlosserlehre, verschiedene Tätigkeiten (Steinkohlenbergbau, Wismut-SDAG); 1958—61 Studium am Literaturinstitut „Johannes R. Becher" in Leipzig; war dort als Leiter des Seminars für Prosa tätig. Gestorben 1976.

Werke: In diesem Sommer, En. 1960 — Prosa schreiben. Anmerkungen zum Realismus, Essay 1968 — Gewöhnliche Leute, En. 1969.

33. Norbert Barth: Tägliche Planerfüllung ist unser Kampfauftrag

Quelle: ND, Berlin (Ost), 18. Juni 1971.

Norbert Barth hielt diese Rede auf dem VIII. Parteitag der SED im Juni 1971.

34. Texte „schreibender Arbeiter"
Helmut W. Kern: Feierabend
Ernst Zober: Vor dem Fenster

Quelle: Kürbiskern. Zeitschrift für Literatur und Kritik. Nr. 4. München 1969. S. 589 und 593.

Jürgen Köditz: Ungeahnte Perspektiven — Dreherin

Quelle: NDL Heft 8, 1970. S. 146.

Helmut W. Kern (geb. 1941) ist Arbeiter im VEB Elektrokohle Berlin; Ernst Zober (geb. 1916) ist Chemiefacharbeiter im VEB Leuna Werke „Walter Ul-

bricht"; Jürgen Köditz (geb. 1939) ist Bauschlosser im VEB Carl Zeiss Jena;
alle drei sind Mitglieder in Zirkeln schreibender Arbeiter. — Wie spiegelt sich
in diesen Beiträgen das gesellschaftliche und nationale Bewußtsein schreibender
Arbeiter wider? Wie drückt sich dieses Bewußtsein sprachlich aus? — Der
Literaturwissenschaftler Heinrich Mohr urteilt im Jahrbuch zur Literatur in der
DDR 1980 über Texte „schreibender Arbeiter", soweit sie ihm vorliegen, so:
‚Was sind das für Texte? Sie sind „brav", inhaltlich und formal; — lehrhaft,
betulich, partei- und arbeitsfromm. Die Texte artikulieren nicht, auch nicht
auszugsweise „proletarische Identität". Die „schreibenden Arbeiter" gehen viel-
mehr in die Schule und sind bemüht, Musterschüler zu sein.' (S. 46)

35. Volker Braun: Freunde

Quelle: V. Braun, Freunde. In: Neue Stücke. Autoren der Deutschen Demokratischen Republik. Berlin (Ost) 1971.

Im Mittelpunkt des Einakters stehen nicht mehr — wie im „Lohndrücker" —
wirtschaftliche Schwierigkeiten, sondern menschliche Probleme in einer Brigade,
die von einer Baustelle zur anderen zieht. In diese Brigade gerät der Arbeiter
Mink, ein moralisch Gefährdeter. Wie verhalten sich Vertreter der Partei (Kader-
leiterin) und des Betriebs (der Meister) zu ihm? Wie stehen die Mitglieder der
Brigade zu ihm? Wie ist zu bewerten, daß es — im Gegensatz zu anderen
DDR-Stücken — keine positive Lösung, d. h. keine Eingliederung Minks in die
Brigade gibt? — Das Stück ist bis heute unaufgeführt geblieben.
Angaben zu V. Braun unter 25.

36. Heinz Knobloch: Zusammengelesenes Material

Quelle: Auskunft. Neueste Prosa aus der DDR, hrsg. von Stefan Heym,
München 1978
Heinz Knobloch, geb. 1926 in Dresden, 1943 Soldat. Nach dem Kriege Redakteur,
Studium der Journalistik. Lebt freischaffend in Ostberlin. Schrieb Romane,
Feuilletons, gab Anthologien heraus.

37. Kurt Bartsch: Der Fluß

Quelle: siehe unter 22
Angaben zu Kurt Bartsch unter 26

Kapitel V: Junge Generation

38. Christa Löhn, Oberschule Landsberg, Bezirk Halle: Der Brigadier über-gibt das Zeugnis

Quelle: ND, Berlin (Ost), 28. Mai 1971.

Diese Rede einer jungen Lehrerin beim IX. Parlament der FDJ im Mai 1971
macht einiges deutlich, was die Schule in der DDR von westdeutschen Schulen
unterscheidet: die enge Verbindung von Schule und Betrieb; die Lern- und Lei-
stungskontrollen; die Leitung der Schule durch den Parteisekretär der FDJ und
den Direktor. Wie bewerten Sie diese Merkmale der sozialistischen Einheits-
schule der DDR?

39. Horst Salomon: „Man muß ihn in nützliche Bahnen lenken, sonst verplempern wir den Menschen"*

Quelle: H. Salomon, Ein Lorbaß. In: Neue Stücke. Autoren der Deutschen Demokratischen Republik. Berlin (Ost) 1971. S. 440—442.

Horst Salomon, geb. 1929; Sohn eines Landarbeiters in Ostpreußen; kam 1945 nach Thüringen; bis 1950 Arbeit in der FDJ; dann bis 1958 Wismut-Kumpel; 1958—61 Studium am Literaturinstitut „Johannes R. Becher" in Leipzig. Lebte zuletzt als Journalist und Autor volkstümlicher Stücke in Gera. Gest. 1972.

40. Hermann Kant: „Kampf um Vera Bilfert, Schneiderin"*

Quelle: Hermann Kant, Die Aula. Fischer Bücherei 931, Frankfurt/M. 1968. S. 208—214.

Hermann Kant, geb. 1926 in Hamburg, Elektrikerlehre, Soldat, 1945—49 polnische Kriegsgefangenschaft. 1949—52 Student und anschließend Dozent der ABF Greifswald. 1952—56 Germanistikstudium in Berlin (Ost), danach wissenschaftlicher Assistent an der Humboldt-Universität in Berlin (Ost); lebt als freischaffender Schriftsteller in Ostberlin. Seit 1978 Präsident des Schriftstellerverbandes der DDR.

Weitere Werke: Ein bißchen Südsee, En. 1962; Gütersloh 1968 — Das Impressum, R. 1972; Neuwied und Berlin 1972 — Eine Übertretung, En. Ostberlin 1975, Neuwied 1976 — Der Aufenthalt, R., 1977

41. Helmut Sakowski: Der LPG-Vorsitzende Paul wirbt um die Genossenschaftsbäuerin Lisa*

Quelle: H. Sakowski, Steine im Weg. Volksstück in acht Bildern. In: Sozialistische Dramatik. Autoren der Deutschen Demokratischen Republik. Berlin (Ost) 1968. S. 253—256.

„Steine im Weg" gehörte in den 60er Jahren zu den meistgespielten Stücken in der DDR. Vgl. den Sprachstil der hier mitgeteilten Szene mit dem in Volker Brauns Brigadestück „Freunde", das bislang unaufgeführt blieb.

Helmut Sakowski, geb. 1924; Forstlehre, nach 1945 in der Forstwirtschaft tätig; lebt als Schriftsteller in Neustrelitz. Das Schriftstellerlexikon deutschsprachiger Autoren, Leipzig 1968, nennt ihn einen „der erfolgreichsten Gegenwartsdramatiker", der vor allem Themen der „sozialistischen Umwandlung auf dem Lande" behandelt; Nationalpreisträger, Kandidat des ZK der SED.

Weitere Stücke: Die Entscheidung der Lene Mattke, 1958 — Weiberzwist und Liebeslist, 1961 — Letzter Sommer in Heidkau, 1965 — Wege übers Land, 1969

42. Fritz Rudolf Fries: Die Entbindung

Quelle: Fritz Rudolf Fries, Der Fernsehkrieg und andere Erzählungen. Frankfurt/M. 1970.

Fritz Rudolf Fries, geb. 1935; Abitur, Studium in Leipzig; freier Übersetzer in Leipzig, dann Assistent an der Deutschen Akademie der Wissenschaften in Berlin (Ost); seit 1966 freischaffender Schriftsteller, lebt in Petershagen bei Berlin. *Weitere Werke:* Der Weg nach Oobliadooh. R. Frankfurt/M 1966 — Leipzig am Morgen, E. 1969 — See-Stücke, Rostock 1973 und Frankfurt/M. 1973 — Das Luftschiff, R., 1974

43. Andreas Reimann: Wegsuche

Quelle: auswahl 66. Neue Lyrik — Neue Namen. Berlin (Ost) 1966.

Andreas Reimann, geb. 1946 in Leipzig; Schriftsetzerlehre; von 1965—68 Studium am Literaturinstitut „Johannes R. Becher" in Leipzig.

44. Günther Deicke: Wehe dem Sohn*

Quelle: Nachrichten aus Deutschland. Lyrik Prosa Dramatik. Eine Anthologie der neueren DDR-Literatur. Hrsg. und eingel. v. Hildegard Brenner. Reinbek 1967.

Günther Deicke, geb. 1922; nach dem Krieg zunächst Landarbeiter in Westdeutschland, dann Redakteur in Thüringen, heute Verlagslektor in Berlin (Ost). Seit 1954 hat Deicke Gedichte veröffentlicht. Titel einzelner Sammlungen: Liebe in unseren Tagen, 1954 — Geliebtes Land, 1954 — Traum vom glücklichen Jahr, 1959 — Du und dein Land und die Liebe, 1959 — Die Liebe fängt erst an, 1964 — Die Wolken, 1966 — Ortsbestimmung, 1972.

45. Ulrich Schacht: Ferner Morgen

Quelle: Ulrich Schacht, Traumgefahr. Gedichte. Verlag Neske, Pfullingen, 1981. — Das Gedicht „Ferner Morgen" entstand in der DDR.

Ulrich Schacht, geboren 1951 im Frauengefängnis Hoheneck/Sachsen als Kind deutsch-russischer Eltern. Aufgewachsen in Wismar/Ostsee. In verschiedenen Berufen tätig; Theologiestudium an der Universität Rostock, später an der Evangelischen Predigerschule in Erfurt. 1973 Verhaftung und 7 Jahre Freiheitsentzug wegen „staatsfeindlicher Hetze". Zuchthaus Brandenburg und Gefängnis in Karl-Marx-Stadt. Seit Dezember 1976 in Hamburg.

46. Reiner Kunze: Appell — Siebzehnjährig

Quelle: Reiner Kunze, Zimmerlautstärke. Gedichte, Frankfurt/Main 1972. Angaben zu Kunze unter 23

47. Ulrich Plenzdorf: Der Bluejeans — Song*

Quelle: Ulrich Plenzdorf, „Die neuen Leiden des jungen W." Frankfurt/M. 1973, S. 26 ff.

Ulrich Plenzdorf, geb. 1934 in Berlin, Abitur, Studium der Philosophie, Bühnenarbeiter bei der DEFA (Staatliche Filmgesellschaft der DDR), Soldat, Studium an der Filmhochschule; seit 1963 Szenarist im DEFA-Studio. Verfaßte Libretti zu Filmen („Die Legende von Paul und Paula"), dramatisierte Prosa („Die neuen Leiden des jungen W." u. a.).

48. Hans Joachim Schädlich: Apfel auf silberner Schale

Quelle: Hans Joachim Schädlich, Versuchte Nähe, Prosa. Reinbek bei Hamburg, 1977. — Der Prosatext „Apfel auf silberner Schale" entstand 1974 in der DDR.

Hans Joachim Schädlich, geb. 1935 in Reichenbach/Vogtland. Studium der Germanistik in Berlin und Leipzig, war bis 1976 an der Akademie der Wissenschaften in Berlin (Ost) tätig. 1977 Übersiedlung in die Bundesrepublik.

49. Jurek Becker: Die Klage

Quelle: Jurek Becker, Nach der ersten Zukunft, En., Frankfurt/Main 1980. Angaben zu Jurek Becker unter 29

Kapitel VI: Individualismus und Innerlichkeit

50. Johannes Bobrowski: Das Wort Mensch

Quelle: J. Bobrowski, Wetterzeichen Westberlin 1967.

„Das Wort Mensch" ist Bobrowskis letztes Gedicht, geschrieben kurz vor seinem Tode. Seinem Staat gegenüber verhielt sich Bobrowski loyal, kritische Äußerungen sind in seinem Werk nicht anzutreffen Wie ist aber sein Verhältnis zu seiner Umwelt aufzufassen, wenn er in seinem letzten Gedicht — er lebte in Berlin (Ost), der Stadt, die er hier als „schön und belebt" darstellt — den Mißbrauch des Wortes Mensch benennt?

Johannes Bobrowski, geb 1917 in Tilsit, Studium der Kunstgeschichte; 1939—1949 Soldat und Kriegsgefangenschaft in Rußland; ab 1949 Verlagslektor in Berlin (Ost), zuletzt (ab 1959) im Union-Verlag, dem Verlag der Ost-CDU, deren Mitglied Bobrowski war; gestorben 1965 Er schrieb Gedichte und Prosa, die in der DDR wie der Bundesrepublik uneingeschränkte Anerkennung gefunden haben.

Werke:

Lyrik: Sarmatische Zeit, Stuttgart 1961, Berlin (Ost) 1961; Schattenland Ströme, Stuttgart 1962, Berlin (Ost) 1963; Wetterzeichen, Berlin (Ost) 1967, Berlin (West) 1967; Im Windgesträuch (Gedichte aus dem Nachlaß) Berlin (Ost) 1970, Stuttgart 1970.

Prosa: Levins Mühle, R. Berlin (Ost) 1964, Frankfurt/M. 1964; Mäusefest und andere Erzählungen, Berlin (West) 1965; Boehlendorff und andere En Stuttgart 1965; Boehlendorff und Mäusefest, En Berlin (Ost) 1965; Litauische Claviere, R. Berlin (Ost) 1966, Berlin (West) 1967; Der Mahner (Prosa aus dem Nachlaß), Berlin (Ost) 1967, Berlin (West) 1968.

51. Christa Wolf: „Nichts weiter als ein Mensch sein"*

Quelle: Ch. Wolf, Nachdenken über Christa T. Neuwied und Berlin 1969. S. 44—47.

Der Roman „Nachdenken über Christa T." war den DDR-Bürgern, sieht man von Kulturfunktionären ab, lange nicht zugänglich Es sei ein subjektives Buch, meinten DDR-Kritiker, auch sei es zu traurig und die Heldin Christa T. sei zu wenig positiv.

Angaben zu Christa Wolf unter 24.

52. Wolf Biermann: Rücksichtslose Schimpferei

Quelle: W. Biermann, Die Drahtharfe. Berlin (West) 1965. Dieser Text spiegelt die Auseinandersetzungen Biermanns mit der SED in den Jahren 1964/65 wider. Angaben zu W. Biermann unter 27.

53. Günter Kunert: Individueller Ausbruchsversuch

Quelle: G Kunert, Verkündigung des Wetters. München 1966. Angaben zu G. Kunert unter 28.

54. Sarah Kirsch: Der Droste würde ich gern Wasser reichen — Kleine Adresse

Quellen: S. Kirsch, Gedichte. Ebenhausen bei München 1969. S. 66.

S. Kirsch, Kleine Adresse. In: Nachrichten aus Deutschland. Lyrik Prosa Dramatik. Eine Anthologie der neueren DDR-Literatur. Hrsg. von Hildegard Brenner. Reinbek 1967.

Sarah Kirsch, geb 1935; Arbeit in einer Zuckerfabrik; Studium der Biologie in Halle; 1963—65 Studium am Literaturinstitut „Johannes R. Becher" in Leipzig.

Lebte bis 1977 als freischaffende Schriftstellerin in Ostberlin, seitdem in Westberlin. Weitere Gedichtbände: Gespräche mit dem Saurier. Gedichte von Sarah und Rainer Kirsch, 1965 — Zaubersprüche, 1973 — Rückenwind, 1976 — Drachensteigen, 1979; alle erschienen in Ebenhausen bei München.

55. Reiner Kunze: Pfarrhaus

Quelle: Reiner Kunze, Zimmerlautstärke. Gedichte, Frankfurt/Main 1972
Angaben zu Kunze unter 23

56. Wolfgang Hilbig: teilnahme an einem abendmahl — sehnsucht nach einer orgel

Quelle: Wolfgang Hilbig, Abwesenheit. Gedichte. Frankfurt/M. 1979. Die Gedichte entstanden zwischen 1965 und 1977. Wegen ihrer Veröffentlichung im Westen wurde Hilbig zu einer Geldstrafe von 2000 Mark verurteilt; in der DDR hatte er sich vergeblich um Veröffentlichung bemüht.
Wolfgang Hilbig, geb. 1941 in Meuselwitz/Sachsen, aufgewachsen in der Bergarbeiterfamilie des Großvaters. Lehre als Bohrwerksdreher. In verschiedenen Berufen tätig, zuletzt fast ununterbrochen als Heizer. Lebt in Ostberlin.

Kapitel VII: Abgrenzung zur Bundesrepublik

57. Aussagen zur „Abgrenzung" bzw. zur „nationalen Frage"
Walter Ulbricht: Zur nationalen Frage

Ausschnitt aus einer Rede, die Ulbricht am 17. Dezember 1970 zur Vorbereitung des 25. Jahrestages der SED gehalten hat.
Quelle: W. Ulbricht, Zur nationalen Frage. In: Deutschland-Archiv. Zeitschrift für Fragen der DDR und der Deutschlandpolitik. Heft 3, Köln 1971.
Neben der Abgrenzungsideologie Ulbrichts ist hier noch die Vorstellung vom sozialistischen deutschen Nationalstaat, den die DDR nach seiner Meinung bildet, ausgesprochen. Aus dem Gesamtzusammenhang läßt sich schließen, daß die SED die DDR als legitime Fortsetzung des deutschen, nun sozialistischen Nationalstaats sieht, während der Bundesrepublik keine nationale Eigenständigkeit zuerkannt wird.

Erich Honecker: Normalisierung — ein nicht mehr zu umgehendes Gebot.

Ausschnitt aus einer Rede, die Honecker auf einer Großveranstaltung der SED 1972 in Leipzig gehalten hat.
Quelle: E. Honecker, Normalisierung — ein nicht mehr zu umgehendes Gebot. In: Deutschland-Archiv. Zeitschrift für Fragen der DDR und der Deutschlandpolitik. Heft 4, Köln 1972.
In Honeckers Ausführungen, ein gutes Jahr später, fällt einmal der Verzicht auf eine Erklärung zum Begriff der Nation auf, während andrerseits die Bindung an die Sowjetunion mehrfach unterstrichen und durch Berufung auf Lenin auch ideologisch begründet wird. Wie sucht Honecker seine Ansicht zu begründen, daß sich die beiden gegensätzlichen Tendenzen der DDR-Außenpolitik — Entspannung und Abgrenzung — miteinander vereinbaren lassen?

58. Hanns Cibulka: Zwei Silben

Quelle: Zwei Silben, G., 1959
Angaben zu Cibulka unter 19

59. Jens Gerlach: ich weiß nicht was soll es bedeuten

Quelle: J. Gerlach, okzidentale snapshots. gedichte auf bundesdeutsch. Berlin und Weimar 1965.

Welche Funktion kann die Anlehnung an Heines romantisches Lied, z. B. durch die Übernahme der ersten Zeile und des Versmaßes, haben? — Das negative Bild der Bundesrepublik — Gerlachs Hauptvorwürfe sind Faschismus, Militarismus, Revanchismus — gehört zur Agitationsliteratur der DDR. Differenzierter, wenngleich ebenfalls negativ ist das Bild der Bundesrepublik in Hermann Kants „Aula", in frühen Romanen der Christa Wolf, in dem Roman „Das Klassentreffen" von Wolfgang Joho (1968) und anderen Texten. Hermann Kant und Christa Wolf haben sich in den 70er Jahren meist Themen zugewandt, die in der Vergangenheit liegen und die deutsche Situation ausklammern.

Jens Gerlach, geb. 1926 in Hamburg, Kriegsdienst, ein Jahr amerikanischer Kriegsgefangenschaft, dann Hafenarbeiter, Angestellter und Werbefachmann; 1947 bis 51 Studium der Kunstgeschichte und Literatur; 1953 Übersiedlung in die DDR; dort Filmarbeit, Kritiker; lebt in Ostberlin. Das Schriftstellerlexikon deutschsprachiger Autoren, Leipzig 1968, rühmt Gerlachs „satirische Begabung"; er habe „parodistische, grimmig-polemische und mit agitatorischer Sicherheit vorgetragene Gedichte auf bundesdeutsch" verfaßt.

60. Günter Kunert: Schillers Bett

Quelle: G. Kunert, Warnung vor Spiegeln. München 1970.
Angaben zu G. Kunert unter 28

61. Wolf Biermann: Deutschland — ein Wintermärchen. Kapitel I

Quelle: Wolf Biermann, Deutschland. Ein Wintermärchen. Westberlin 1972
Heinrich Heine schrieb 1844 das Versepos „Deutschland. Ein Wintermärchen", eine politische Dichtung, in der er Eindrücke einer Reise von Paris nach Hamburg im November 1843 verarbeitet, wobei er ironisch-kritisch über Geschichte und Gegenwart der Deutschen urteilt. Mehr als 100 Jahre danach greift Wolf Biermann das Thema inhaltlich und formal auf und schildert die politische Situation der Deutschen im geteilten Land aus Anlaß einer Reise von Berlin (Ost) nach Hamburg. Er machte diese Reise, seine letzte Westreise vor seiner Ausbürgerung im November 1976, im Dezember 1964. Daß die „Wintermärchensituation" der beiden Autoren Ähnlichkeiten aufweist, sagt Biermann so: beide gingen nach Hamburg, um ihre Mutter wiederzusehen; beide sind Juden; beide mußten Staatsgrenzen überschreiten; beide sahen Deutschland aus der Distanz mit geschärfter Kritik. Vgl. dazu: „Geständnisse. Heine im Bewußtsein heutiger Autoren". Herausgegeben von Wilhelm Gössmann unter Mitwirkung von Hans Peter Keller und Hedwig Walwei-Wiegelmann. Düsseldorf 1972.
Angaben zu Wolf Biermann unter 27

62. Erich Loest: Löffel Franz

Quelle: Erich Loest, Pistole mit sechzehn, Erzählungen. Hamburg 1979. — Die Erzählung „Löffel Franz" entstand 1975 in der DDR.
Erich Loest, geb. 1926 in Mittweida/Sachsen, Sohn eines Kaufmanns. Soldat im Zweiten Weltkrieg. Ab 1947 als Journalist und Schriftsteller tätig. 1957 verhaftet und wegen angeblicher „Konterrevolutionärer Gruppenbildung" zu 7 Jahren Zuchthaus in Bautzen verurteilt. Nach der Haftentlassung von 1965 an schrieb er unter Pseudonym. Lebte in Leipzig, wo auch sein wichtigster Roman

über den Alltag in der DDR spielt: „Es geht seinen Gang oder Mühen in unserer Ebene". 1981 Übersiedlung in die Bundesrepublik.
Weitere Werke: Jungen, die übrig blieben, R., 1950 — Die Westmark fällt weiter, R., 1952 — Ich war Robert Ley. Fiktive Autobiographie, 1966 — Öl für Malta, En., 1968 — Schattenboxen, R., 1973 — Etappe Rom, En., 1975 — Es geht seinen Gang oder Mühen in unserer Ebene, R. 1978 — Durch die Erde ein Riß, ein Lebenslauf. Hamburg 1981.

63. Roger Loewig: Ich werde diesem Lande nicht entrinnen

Quelle: Roger Loewig, Ewig rauchende Kältezeit. Gedichte. Berlin (West), 1979. — Das Gedicht entstand 1973 in Rom.

Roger Loewig, geb. 1930 im damaligen Striegau/Schlesien, ab 1945 kein fester Wohnsitz, in verschiedenen Berufen tätig, ab 1951 Pädagogikstudium in Ostberlin, dann Lehrer an Ostberliner Schulen. 1963 Verhaftung wegen „staatsgefährdender Hetze" und Freiheitsentzug. 1972 Übersiedlung nach Westberlin. Neben der Schriftstellertätigkeit intensive künstlerische Arbeit (Zeichnen, Malen; zahlreiche Ausstellungen).
Weitere Werke: Ein Vogel bin ich ohne Flügel, Gedichte und Zeichnungen. Hamburg 1980 — sei ein himmel gnädig meiner späten ernte, gedichte und zeichnungen. o. J. und ohne Verlagsangabe.

64. Bettina Wegner: Für meine weggegangenen Freunde

Quelle: Wenn meine Lieder nicht mehr stimmen. Rowohlt Taschenbuch, Reinbek bei Hamburg 1979
Bettina Wegner, geb. 1947 in Berlin, Liedermacherin und Sängerin. Erhielt 1980 Ausreisevisum in den Westen.

Verzeichnis einiger Abkürzungen

ABF   Arbeiter- und -Bauern-Fakultät; diese wurden 1949 an den Universitäten eingerichtet; zugelassen wurden Arbeiter- und Bauernkinder, die über eine abgeschlossene Grundschul- und Berufsausbildung verfügten und sich durch hervorragende Leistungen in der Produktion auszeichneten; man wollte ihnen die Erlangung des Abiturs und eines Studiums ermöglichen. Anfang der 60er Jahre sind nahezu alle ABF aufgelöst worden.

DFD   Demokratischer Frauenbund Deutschlands; gehört zu den Massenorganisationen wie FDJ und FDGB, Mitgliederzahl 1968: 1,3 Millionen, 1977: 1,4 Millionen.

DSF   Gesellschaft für deutsch-sowjetische Freundschaft; Aufgaben: Werbung für sowjetische Politik und Kultur; die Mitgliedschaft gilt als das Mindeste, um gesellschaftliche Betätigung nachzuweisen. 1966 gab die DSF 3,43 Millionen Mitglieder an, 1978: 5,5 Millionen.

DSV   Deutscher Schriftstellerverband: Berufsverband der Schriftsteller, der wie alle Verbände „Kulturschaffender" von der SED kontrolliert wird. 1973 Umbenennung in „Schriftstellerverband der DDR".

EOS   Erweiterte Oberschule; sie umfaßt nach der zehnjährigen „allgemeinbildenden polytechnischen Oberschule", die für alle Schüler verpflichtend ist, die 11. und 12. Klasse und schließt mit dem Abitur. Der

Zugang zu ihr ist den Schülern nicht freigestellt, sondern unterliegt einem strengen Auswahlverfahren und gelingt nur einer geringen Zahl von späteren Hochschulabsolventen und Führungskadern, die sich durch „gesellschaftliche Aktivität" und hervorragende schulische Leistungen auszeichnen. Obligatorische Unterrichtsfächer (mit Angabe der Wochenstundenzahl in Klasse 11 und 12): Deutsch (6), Russisch (6), 2. Fremdsprache (5), Staatsbürgerkunde (3), Geschichte (3), Geographie (2), Sport (4), Mathematik (10), Physik (6), Chemie (5) und Biologie (5).

FDGB Freier Deutscher Gewerkschaftsbund; Einheitsorganisation für alle abhängig Beschäftigten; 1967: 6,8 Millionen Mitglieder, 1976: 8,15 Millionen; größte Massenorganisation der DDR. Im Gegensatz zu Gewerkschaften in westlichen Industrieländern haben die Mitglieder des FDGB kein Streikrecht und kein Mitbestimmungsrecht im westlichen Verständnis.

FDJ Freie Deutsche Jugend; die einzige Jugendorganisation in der DDR; bezeichnet sich als „sozialistische Massenorganisation", bekennt sich zur führenden Rolle der SED. Die Pionierorganisation „Ernst Thälmann" (Kinderorganisation) wird von ihr geleitet Von den etwa 600 000 Schülern der 8.—12. Klassen sind rund 98% Mitglieder der FDJ (1967).

KPdSU Kommunistische Partei der Sowjetunion.

LPG Landwirtschaftliche Produktionsgenossenschaft; „sozialistischer landwirtschaftlicher Großbetrieb" sowjetischer Prägung.

ND Neues Deutschland; Zentralorgan der SED Berlin (Ost); „Neues Deutschland" und die 15 Bezirkszeitungen als Organe der jeweiligen Bezirksleitungen der SED haben eine tägliche Auflage von etwa 5,7 Millionen (1977).

NDL Neue Deutsche Literatur, Monatszeitschrift des Schriftstellerverbandes der DDR, Berlin (Ost)

SED Sozialistische Einheitspartei Deutschlands; entstand 1946 aus dem weitgehend erzwungenen Zusammenschluß von SPD und KPD. Die SED versteht sich als „Zentrum der politischen Willensbildung in der DDR" und als „führende Kraft aller Organisationen in der DDR". Mitgliederzahl 1969: 1,8 Millionen, 1977: 2,04 Millionen. — Das höchste Entscheidungsgremium der SED, das die außenpolitischen, militär- und sicherheitspolitischen und die gesellschaftspolitischen Entscheidungen fällt, ist das **Politbüro** des ZK der SED, an dessen Spitze Erich Honecker steht. Das ZK (= Zentralkomitee) der SED ist das höchste Organ der Partei zwischen den alle 5 Jahre stattfindenden Parteitagen; es wählt das Politbüro.

VEB Volkseigener Betrieb: „nach 1945 enteignete und verstaatlichte Betriebe; desgleichen die seitdem neu errichteten Staatsbetriebe".

Alle Angaben sind entnommen aus: 1. A bis Z. Ein Taschen- und Nachschlagebuch über den anderen Teil Deutschlands. Herausgegeben vom Bundesministerium für gesamtdeutsche Fragen. Bonn 1969. 2. DDR-Handbuch, hrsg. vom Bundesministerium für innerdeutsche Beziehungen. Köln 1979.

Bibliographie (Auswahl) zur Literatur und Literaturwissenschaft der DDR.

Anderle, Hans Peter: Mitteldeutsche Erzähler. Eine Studie mit Proben und Porträts. Köln 1965.

Bilke, Jörg B.: Die Germanistik in der DDR: Literaturwissenschaft im gesellschaftlichen Auftrag, in: Die deutsche Literatur der Gegenwart, hrsg. von Manfred Durzak. Stuttgart 1971.

Bilke, Jörg B.: Die verdrängte Wirklichkeit. DDR-Literatur unter Erich Honecker 1971—1978. In: Beilage zur Wochenzeitung „Das Parlament" vom 10. Juni 1978.

Brandt, Sabine: Der sozialistische Realismus. In: Deutschland. Kulturelle Strömungen seit 1945. München 1969.

Brenner, Hildegard, Hrsg.: Nachrichten aus Deutschland. Lyrik, Prosa, Dramatik. Eine Anthologie der neueren DDR-Literatur. Rowohlt Paperback 50, Reinbek bei Hamburg 1967.

Brettschneider, Werner: Zwischen literarischer Autonomie und Staatsdienst. Die Literatur in der DDR. Berlin 1972, ergänzte Nachauflage 1974.

Emmerich, Wolfgang: Kleine Literaturgeschichte der DDR. Sammlung Luchterhand 1981.

Flaker, Aleksandar: Modelle der Jeans-Prosa. Zur literarischen Opposition bei Plenzdorf und im östlichen Romankontext. Kronberg 1975.

Geerdts, Hans Jürgen (Hrsg.): Literatur der DDR in Einzeldarstellungen. Stuttgart 1972. Kröners Taschenausgabe Band 416.

Gregor-Dellin, Martin: Die vergebliche Teilung. In: Jahrbuch 1980/I der Deutschen Akademie für Sprache und Dichtung. Heidelberg 1980. (Befaßt sich mit den Folgen der deutschen Teilung für die Literatur).

Jäger, Manfred: Sozialliteraten. Funktion und Verständnis der Schriftsteller in der DDR. Düsseldorf 1973.

Klunker, Heinz: Theater in der DDR. Hannover 1972.

Klunker, Heinz: Zeitstücke und Zeitgenossen — Gegenwartstheater in der DDR. München (dtv 1070), 1975.

Klussmann, Paul Gerhard und **Mohr,** Heinrich (Hrsg.): Jahrbuch zur Literatur in der DDR, Band I, Bonn 1980.

Lamers, Karl, (Hrsg.): Die deutsche Teilung im Spiegel der Literatur. Beiträge zur Literatur und Germanistik der DDR. Stuttgart 1978.

Laschen, Gregor: Lyrik in der DDR. Frankfurt/M. 1971.

Mannack, Eberhard: Zwei deutsche Literaturen? Kronberg 1977.

Mayer, Hans: Zur Literatur der DDR. In: Zur deutschen Literatur der Zeit. Reinbek bei Hamburg 1967.

Peddersen, Jan: Die literarische Situation in der DDR. In: Handbuch der deutschen Gegenwartsliteratur. München 1965.

Pracht, Erwin: Realismus — Abbild — Methode. Zur Theorie des sozialistischen Realismus. Halle/Saale, 1971.

Raddatz, Fritz J. (Hrsg.): Marxismus und Literatur. Eine Dokumentation in drei Bänden, Reinbek bei Hamburg 1969.

Raddatz, Fritz J.: Traditionen und Tendenzen. Materialien zur Literatur der DDR. Frankfurt/M. 1972.

Ranicki, Marcel: Deutsche Literatur in West und Ost. München 1963.

Reich-Ranicki, Marcel: Literarisches Leben in Deutschland. Kommentare und Pamphlete. München 1965.

Reich-Ranicki, Marcel: Literatur der kleinen Schritte. Deutsche Schriftsteller heute. München 1967.

Reich-Ranicki, Marcel: Zur Literatur der DDR. Frankfurt/M. 1974. Serie Piper 94.

Rühle, Jürgen: Literatur und Revolution. Die Schriftsteller und der Kommunismus. Knaur Taschenbuch 10, 1963.

Sander, Hans-Dietrich: Marxistische Ideologie und allgemeine Kunsttheorie. Tübingen 1970.

Sander, Hans-Dietrich: Geschichte der Schönen Literatur in der DDR. Freiburg 1972.

Wissenschaft und Gesellschaft in der DDR. Eingeleitet von Peter Christian Ludz. München 1971.

Dokumentationen

Dokumente zur Kunst-, Literatur- und Kulturpolitik der SED, hrsg. von Elimar Schubbe. Stuttgart 1972.

Dokumente zur Kunst-, Literatur- und Kulturpolitik der SED 1971—1974, hrsg. von Gisela Rüß, Stuttgart 1976.

Nachschlagewerke

DDR-Handbuch. Wissenschaftliche Leitung: Peter Christian Ludz unter Mitwirkung von Johannes Kuppe. Herausgegeben vom Bundesministerium für innerdeutsche Beziehungen. Verlag Wissenschaft und Politik, Köln, 1979[2].

Meyers Taschenbuch: Schriftsteller der DDR, Leipzig 1974.

Zeitschriften

Zeitschriften in der Bundesrepublik Deutschland, die über Literatur, Literaturpolitik und Literaturwissenschaft in der DDR informieren:

Deutschland Archiv, Zeitschrift für Fragen der DDR und der Deutschlandpolitik, erscheint monatlich, Verlag Wissenschaft und Politik, Köln.

In der Zweimonatszeitschrift „Der Deutschunterricht" (Klett, Stuttgart) stehen öfter Beiträge zur DDR-Literatur, gelegentlich erscheint auch ein geschlossenes Heft zur DDR-Literatur, zuletzt Heft 2, 1978, das u. a. folgende Themen behandelt: Die neuere Literatur in der DDR, Probleme, Tendenzen, Konstellationen; Die Wiederkehr des Tragischen in der Literatur der DDR; Ideologische und ästhetische Aspekte beim Interpretieren von DDR-Literatur.

Auch die Zeitschrift „europäische ideen", hrsg. von Andreas Mytze, befaßt sich, meist in der Form der Dokumentation, mit Fragen der DDR-Literatur. Die Zeitschrift erscheint zwölfmal jährlich; Verlag: europäische ideen, Berlin (West).

DDR-Zeitschriften, die sich mit Literatur und Literaturwissenschaft befassen:

Sinn und Form. Beiträge zur Literatur. Hrsg. von der Akademie der Künste zu Berlin (Ost). Erscheint zweimonatlich.

Weimarer Beiträge. Zeitschrift für Literaturwissenschaft, Ästhetik und Kulturtheorie. Aufbau-Verlag, Berlin (Ost) und Weimar. Erscheint monatlich.

Neue Deutsche Literatur. Hrsg. vom Schriftstellerverband der DDR. Aufbau-Verlag, Berlin (Ost). Erscheint monatlich.